OEUVRES COMPLÈTES

DE

SIR WALTER SCOTT.

Traduction Nouvelle.

PARIS,

CHARLES GOSSELIN ET A. SAUTELET ET Cº

LIBRAIRES-ÉDITEURS.

M DCCC XXVIII.

ŒUVRES COMPLÈTES

DE

SIR WALTER SCOTT.

TOME CINQUANTE-NEUVIÈME.

IMPRIMERIE DE H. FOURNIER,
RUE DE SEINE, N° 14.

LES EAUX
DE
SAINT-RONAN.

« Ce fut un lieu charmant, ou du moins on le dit ;
» Mais tout est bien changé, c'est un séjour maudit.
WORDSWORTH.

TOME SECOND.

(St-Ronan's Well.)

LES EAUX

DE

SAINT-RONAN.

(St-Ronan's Well.)

CHAPITRE XIV.

LA CONSULTATION.

> Le Clown. « J'espère qu'il y a des preuves. »
> Shakspeare. *Mesure pour Mesure.*

La ville de — est située, comme tout le monde le sait, à environ quatorze milles de Saint-Ronan. C'est la principale ville de ce comté, qui, comme le dit le *Guide du Touriste*, compte, parmi ses sites curieux, ce rendez-vous si fréquenté par les gens du bon ton, les eaux de Saint-Ronan, dont la renommée s'accroîtra sans doute considérablement, grace aux annales que nous publions de ses premières années. Comme il est inutile, quant à présent, de désigner plus particulièrement le lieu de la scène de notre histoire, nous remplirons le blanc ci-dessus du nom supposé de Marchthorn (1), nous étant nous-même souvent trouvé embarrassé dans le cours d'une histoire, en y rencontrant un *hiatus* désagréable, qu'il est quelquefois difficile de remplir à la première vue, en se rappelant toutes les circonstances de la narration.

Marchthorn donc était une vieille ville bâtie à la manière d'Écosse, et dont la grande rue présentait aux yeux, les jours de marché, un nombre assez raisonnable de bons fermiers en grand manteau, vendant, achetant ou échangeant les diverses productions de leurs fermes. Les autres jours de la semaine, on n'y voyait que quelques bourgeois oisifs, se traînant comme des mouches à demi éveillées, et attendant qu'un heureux son répété douze fois par l'horloge du clocher de l'église les avertît qu'il était temps d'aller dîner. Les fenêtres étroites des boutiques annonçaient fort imparfaitement les marchandises qui se trouvaient dans l'intérieur; car chaque négociant, nom qu'on accordait, *more scotico*, aux boutiquiers de Marchthorn, vendaient tout ce qu'il est possible d'imaginer. Quant aux manufactures, il n'en existait aucune, excepté celle du vénérable conseil de la ville, qui était très-affairé à préparer la trame que Marchthorn devait fournir tous les six ou sept ans pour tisser la quatrième partie d'un membre du parlement.

(1) Épine de Mars. — Éd.

Il est assez ordinaire qu'une des plus belles maisons d'une ville de cette classe soit celle du clerc du shériff, surtout si on le suppose agent de plusieurs lairds du premier ordre; et c'était le cas dans lequel se trouvait Me Bindloose. Sa demeure n'avait pourtant pas l'extérieur brillant de celles des procureurs du midi de la Grande-Bretagne, et le marteau de la porte n'était pas de cuivre bien poli et bien luisant. Ce bâtiment, situé au centre de la ville, était fort élevé, très-sombre, construit en pans de bois, couvert en tuiles; les fenêtres étaient très-étroites, et celles du rez-de-chaussée défendues par de gros barreaux de fer, car une subdivision des banques nationales d'Écosse (1) avait été récemment établie à Marchthorn, et c'était Me Bindloose qui présidait à cet établissement.

Dans les rues anciennes, mais à peu près désertes de cette illustre ville, s'avançait une voiture qui, si elle avait paru dans Piccadilly, aurait fourni de quoi rire pendant une semaine et aurait fait le sujet de toutes les conversations pendant un an. C'était une voiture à deux roues, à laquelle on ne pouvait donner aucun des noms modernes de *tilbury*, de *tandem*, de *dennet*, etc., et qui ne pouvait aspirer qu'à l'humble dénomination presque oubliée de *wisky*. Elle était, ou, pour parler plus exactement, elle avait été originairement peinte en vert, et elle se trouvait soutenue d'une manière très-solide sur deux petites roues de forme antique, hors de toute proportion avec l'équipage auquel elles

---

(1) Il y a trois banques principales en Écosse : la banque d'Écosse, la banque royale d'Écosse et la *British linen company*, etc.; la compagnie anglaise des toiles. — Éd.

avaient été adaptées. Cette voiture, munie d'une voûte mobile comme celle d'une calèche, était couverte en ce moment, soit à cause de l'humidité de l'air du matin, soit par égard pour la délicatesse modeste d'une belle voyageuse qui, abritée par des rideaux de cuir, occupait cet échantillon vénérable de l'art du carrossier avant le déluge.

La dame qui occupait l'intérieur de ce phaéton n'aspirant pas à l'honneur de le conduire à droite et à gauche, les rênes d'un cheval qui semblait aussi vieux que la voiture à laquelle il était attelé étaient exclusivement confiées à un vieillard, vêtu en postillon, dont les cheveux gris s'échappaient d'un bonnet de jockey, de forme antique, et dont une épaule s'élevait tellement au-dessus de sa tête qu'il semblait qu'il lui en aurait peu coûté pour placer son cou sous son bras, comme un coq de bruyère rôti.

Ce galant écuyer était monté sur un coursier du même âge que celui qui haletait entre les brancards de l'équipage, et qu'il conduisait par le moyen d'un licou. En excitant l'animal qu'il montait, avec le seul éperon dont son talon gauche était armé (1), et stimulant l'autre avec un long fouet, il faisait avancer la voiture à un trot modéré. Elle s'arrêta enfin à la porte de Me Bindloose, événement assez important pour exciter la curiosité des habitans de cette maison et de toutes celles du voisinage. Les roues cessèrent de tourner, les aiguilles s'arrêtèrent au milieu d'une couture ou d'un ourlet, et maints nez,

---

(1) L'auteur s'est souvenu ici d'Hudibras qui, dit Butler, ne portait qu'un éperon, parce que, disait-il, si un côté du cheval marche, l'autre ne restera pas en arrière. — Éd.

avec ou sans lunettes, se montrèrent à toutes les fenêtres des environs, qui jouissaient de l'avantage d'apercevoir la porte de la maison de Me Bindloose.

A travers les barreaux dont nous avons parlé déjà on vit s'avancer en partie la tête de deux ou trois clercs, ricanant et s'amusant beaucoup en voyant les préparatifs que faisait, pour descendre de ce respectable équipage, une vieille dame dont le costume pouvait avoir été à la mode lorsque sa voiture était encore dans toute sa fraîcheur. Une mante écarlate bordée de peaux d'écureuils gris, et un chapeau en soie noire, garni en crêpe, n'auraient pu exciter alors l'admiration qu'ils avaient sans doute fait naître dans leur jeunesse. Mais il y avait dans les traits de celle qui les portait quelque chose qui lui aurait donné droit à tous les égards de Me Bindloose, quand même elle aurait paru sous un costume plus modeste, car il voyait en elle la figure d'une ancienne pratique qui avait toujours payé argent comptant ses mémoires de frais, et dont le compte avec la banque se balançait par une somme assez considérable qu'elle y avait placée. En un mot, c'était notre vénérable amie mistress Marguerite Dods, propriétaire de l'auberge du vieux village de Saint-Ronan.

Son arrivée en ce moment annonçait une affaire de haute importance, car personne n'était moins disposé qu'elle à quitter sa maison, où elle pensait que rien ne pouvait aller bien si elle ne s'en mêlait directement. Quelque limitée que fût sa sphère, elle en occupait invariablement le centre, comme une planète fixe; et, quoique ses satellites fussent en petit nombre, ils étaient dans la nécessité de continuer leurs révolutions autour d'elle. Saturne aurait donc été moins surpris de recevoir une visite du soleil, que M⁰ Bindloose ne le fut de recevoir celle de son ancienne cliente. En un instant il réprima la curiosité impertinente de ses clercs, et ordonna à sa femme de charge, la vieille Hannah (car M. Bindloose était un vieux garçon, bien arrondi dans tous les sens), de préparer le thé dans le salon vert; et à peine avait-il donné ses ordres, qu'il était déjà à côté du wisky, ouvrant les rideaux, abaissant le tablier, et offrant la main à sa vieille amie, pour l'aider à descendre.

— La boîte à thé en laque, Hannah, criait-il en même temps, et le meilleur souchong. — Dites à Tib d'allumer du feu; la matinée est humide. — Et vous autres, fainéans ricaneurs, que je ne vous voie plus à la fenêtre. S'il vous faut un sujet de rire, riez de vos ventres vides : il se passera du temps avant que vous soyez en état de gagner de quoi les remplir. Il parlait ainsi, comme l'honnête homme de loi l'aurait dit lui-même, *in transitu*, et il ajouta en arrivant près de la voiture : — Quelle bonne étoile nous amène, mistress Dods? Est-ce bien vous *in propriâ personâ?* Qui vous aurait attendue à une pareille heure? Et comment cela va-t-il, Antoine? Vous vous êtes mis en route de bon matin. Aidez-moi à baisser le tablier, Antoine; c'est cela. Appuyez-vous sur moi, mistress Dods. Aidez votre maîtresse, Antoine. Bien! conduisez vos chevaux à l'écurie : Tib vous en donnera la clef. Venez, mistress Dods; je suis charmé de voir encore une fois vos pieds sur le pavé de notre ancienne ville. Entrez, entrez; nous déjeunerons ensemble, il est trop matin pour que vous ayez pu déjeuner avant de partir.

— Je vous donne bien de l'embarras, maître Bindloose, dit la vieille hôtesse en lui prenant le bras, et entrant dans la maison ; je vous en donne beaucoup ; mais je ne pouvais jouir d'un moment de tranquillité sans avoir pris vos conseils sur une affaire de grande importance.

— Je me trouverai heureux de vous servir, ma chère et ancienne connaissance. Mais asseyez-vous, asseyez-vous, je vous en prie. On peut causer d'affaires tout en déjeunant. Vous semblez fatiguée de votre voyage : l'esprit se ressent des besoins du corps. Il faut prendre garde à votre santé, mistress Dods ; vous devez songer que votre vie est précieuse.

— Ma vie précieuse ! allons donc, maître Bindloose, vous voulez rire à mes dépens. Si j'étais une fois couchée dans le cimetière, qui penserait jamais à la vieille aubergiste ; si ce n'est par-ci par-là quelque pauvre diable, et peut-être mon pauvre vieux chien, qui ne serait sans doute plus aussi bien soigné que de coutume ?

— Fi ! fi ! mistress Dods, lui dit le clerc d'un ton de reproche amical, vous faites peine à un vieil ami quand il vous entend parler de vous-même d'une manière si peu respectueuse. Vous n'êtes pas près de nous quitter ; je ne vous ai jamais trouvé meilleure mine depuis dix ans. Mais peut-être songez-vous à mettre vos affaires en règle ? c'est le devoir d'une femme soigneuse, d'une bonne chrétienne. Nous frémirions à l'idée de mourir sans avoir fait notre testament, si Dieu nous accordait la grace de nous y faire songer.

— J'ose dire que j'y penserai un de ces matins, maître Bindloose ; mais ce n'est pas ce qui m'amène aujourd'hui.

— Quelle que soit la cause de votre visite, mistress

Dods, vous êtes la bien-venue chez moi, et nous avons toute la journée pour parler d'affaires; *festina lentè*. C'est un axiome auquel se conforment tous les hommes de loi, à loisir et prudemment, comme on pourrait le dire; il ne faut point parler d'affaires l'estomac vide. Mais voici le thé. J'espère qu'Hannah l'aura fait à votre goût.

Meg dégusta le thé à petites gorgées, rendit justice à la science d'Hannah dans les mystères de l'herbe chinoise; porta une seconde fois sa tasse à ses lèvres, essaya de mordre dans une tartine, mais sans trop de plaisir; et malgré les complimens que l'homme de loi lui faisait sur sa bonne mine, elle semblait presque sur le point de se trouver mal.

— De quoi s'agit-il donc? au nom du ciel! s'écria Bindloose, qui avait trop d'expérience dans sa profession pour ne pas être doué de toute la pénétration qu'elle exige, et qui, par conséquent, ne pouvait laisser échapper ces symptômes d'agitation. Jamais je ne vous ai vu prendre une affaire tellement à cœur. Quelqu'un de vos débiteurs a-t-il fait faillite, ou est-il prêt à la faire? Eh bien! il faut vous en consoler; vous pouvez supporter une petite perte; et il ne peut être question d'une banqueroute considérable, car j'en aurais entendu parler.

— C'est la vérité, M. Bindloose; mais la perte, la perte dont il s'agit..... Que dites-vous de la perte d'un ami, maître Bindloose?

Cette perte était d'un genre qui ne s'était pas encore présenté à l'esprit du digne clerc du shérif, tandis qu'il repassait en imagination une longue liste de calamités, et il ne savait trop comment s'expliquer l'émotion sentimentale de son ancienne cliente. Mais comme il commençait à dire : — Oui, oui, nous sommes tous mortels, *vita incerta, mors certissima!* en y ajoutant deux ou trois réflexions morales qu'il était habitué à débiter après un enterrement lorsqu'on se préparait à ouvrir le testament du défunt, il plut à mistress Dods de donner elle-même l'explication de son oracle.

— Je vois ce que c'est, maître Bindloose, lui dit-elle; il faut que je vous dise moi-même de quoi il s'agit, car vous ne le devineriez jamais; ainsi donc, si vous voulez fermer la porte, et faire en sorte qu'aucun de vos ricaneurs de clercs ne puisse venir écouter dans le vestibule, je vous conterai ce qui m'amène.

M° Bindloose se leva aussitôt pour faire ce qu'elle désirait. Il entra dans son bureau, et vit que ses clercs étaient occupés de leur besogne. En revenant il ferma la porte à double tour comme par distraction, et s'assit de nouveau près de mistress Dods, assez curieux de savoir quelle était l'affaire qui l'occupait tellement. Abandonnant alors le champ des conjectures, il approcha de plus en plus sa chaise de celle de sa cliente, et attendit patiemment ce qu'elle avait à lui dire.

— Maître Bindloose, dit Meg, je ne sais si vous pouvez vous rappeler qu'il y a six ou sept ans deux jeunes étourdis anglais, qui logeaient chez moi, eurent une querelle avec le vieux laird de Saint-Ronan, pour avoir chassé dans les marais de Spring-Well-Head?

— Je m'en souviens comme si c'était hier; à telles enseignes que vous m'engageâtes à empêcher qu'on rendît sentence contre eux, et que vous me payâtes fort bien de mes soins pour une chose qui ne valait pas la peine d'en parler. Vous avez toujours eu un bon cœur, mistress Dods.

— Peut-être oui, peut-être non ; c'est suivant que les gens me reviennent, maître Bindloose. Mais quant à ces jeunes gens, ils quittèrent tous deux le pays, et, à ce que je crois, d'assez mauvaise humeur l'un contre l'autre. Et ne voilà-t-il pas que le plus âgé et le plus raisonnable des deux est revenu à Saint-Ronan il y a environ une quinzaine, et a logé chez moi depuis ce temps?

— J'espère qu'il n'a pas joué le même tour qu'autrefois? je n'ai plus auprès du nouveau shérif et des juges d'à présent le crédit dont je jouissais alors auprès de leurs prédécesseurs, mistress Dods. Le procureur fiscal est très-sévère contre les braconniers, et il est soutenu par les juges de paix. Il y a peu de nos anciens amis du club de Killnaketty qui soient en état de venir maintenant aux sessions.

— Tant pis pour le pays, maître Bindloose : c'étaient des gens honnêtes et réfléchis, qui ne cherchaient pas à tourmenter un pauvre jeune homme pour avoir tué un lièvre ou une bécasse sur un marais, à moins que ce ne fût un braconnier de profession. Sir Robert Ringhorse avait coutume de dire que les jeunes gens qui chassaient pour s'amuser tuaient autant de pies et de corbeaux que de gibier. Mais nouveaux maîtres, nouvelles lois : on n'entend plus parler que d'amendes et d'emprisonnement, et au bout du compte en trouve-t-on plus de gibier? Si je voulais avoir une couple ou deux de perdrix après la nuit des Rois, car c'est alors que chacun en veut avoir, je sais où je pourrais en trouver, et à quel prix. Eh! pourquoi non? ne faut-il pas payer le risque qu'on court? Il y a John Pirner lui-même, qui chasse depuis trente ans sur les marais, en dépit de tous les lairds du pays. Il m'a dit que toutes les fois qu'il prend son fusil il croit se sentir une corde autour du cou.

— Ce n'est donc pas sur une affaire de chasse que vous avez à me consulter? dit Bindloose, qui, quoique faisant très-souvent d'assez longues digressions lui-même, n'était pas très-tolérant pour celles des autres.

— Non, en vérité, maître Bindloose, mais c'est relativement à ce malheureux jeune homme dont je vous parlais. Vous pouvez savoir que je me suis laissé prendre d'une affection particulière pour lui, pour Frank Tyrrel, comme il s'appelle : c'est une affection qui me surprend moi-même, maître Bindloose; et cependant il n'y a en cela aucun péché.

— Non, sans doute, pas le moindre, mistress Dods, dit le clerc du shérif. — Oh! oh! pensait-il en même temps; le brouillard commence à se dissiper; le jeune braconnier a tiré juste; il a mis du plomb dans l'aile de la vieille poule grise. Oui, oui, c'est une affaire de mariage, la chose est sûre; mais il faut que je la voie venir. — Vous êtes une femme prudente, mistress Dods, continua-t-il tout haut, et vous avez sûrement pris en considération les chances et les changemens auxquels sont exposées les affaires humaines.

— Mais je n'aurais jamais pu prévoir ce qui est arrivé à ce pauvre jeune homme par la malice des méchans. Il a demeuré chez moi, comme je vous le disais, environ quinze jours, aussi tranquille qu'un agneau paissant sur une colline. Jamais hôte plus honorable n'est venu dans mon auberge. Buvant et mangeant suffisamment pour le bien de ma maison, et jamais plus qu'il ne le fallait pour le bien de son corps et de son ame; payant régulièrement son mémoire le samedi soir.

— Voilà une excellente pratique, mistress Dods!

— Je vous dis que je n'en ai jamais eu une pareille. Mais voyez la méchanceté des hommes : quelques-uns de ces flibustiers et de ces coquettes qui se sont rassemblés autour de cette mare, qu'ils appellent la Source, avaient entendu parler de ce pauvre garçon et des peintures qu'il faisait, et bien vite il a fallu qu'ils l'attirassent à l'hôtel, où ils avaient conté de belles histoires, autant sur M. Tyrrel que sur moi-même.

— Cela regardera la cour du commissariat (1), dit maître Bindloose, se livrant encore à une fausse conjecture. Fiez-vous à moi, mistress Dods; je secouerai joliment la poussière de leurs habits, pourvu que vous me fournissiez des preuves et des témoins. Je les forcerai à chanter la palinodie, et les ferai condamner à une forte amende; ils se repentiront d'avoir osé calomnier votre réputation.

— Ma réputation! qu'est-ce que ma réputation a de commun avec eux? Tout matin qu'il est, maître Bindloose, auriez-vous déjà bu un petit coup? Ma réputation! si quelqu'un d'entre eux avait osé y toucher, je n'aurais besoin ni de vous ni d'aucune cour d'Écosse; je me jetterais sur eux comme un faucon sur une troupe d'oies sauvages, et le premier qui me dirait autre chose

---

(1) Cette cour était dans l'origine une cour ecclésiastique. Depuis l'abolition de la juridiction épiscopale, une loi institua la haute cour des commissaires consistant en quatre juges, avec des tribunaux inférieurs dans chaque comté. Ces tribunaux inférieurs ont été récemment supprimés, et leurs fonctions conférées aux shérifs. La cour des commissaires connaît des questions de mariage et de divorce, des procès en calomnie, etc., etc. — Éd.

que des paroles décentes et civiles, je verrais bientôt s'il porte sur sa tête ses cheveux ou ceux des autres. Ma réputation!

— Eh bien, eh bien, mistress Dods, je me suis trompé, voilà tout, je me suis trompé. Je sais fort bien que vous êtes en état de vous faire justice aussi bien qu'aucune femme que ce soit. Mais apprenez-moi donc enfin de quoi vous avez à vous plaindre.

— Eh bien, en un mot, maître Bindloose, répondit Meg, il ne s'agit rien moins que d'un... meurtre! Et elle baissa le ton en prononçant ce mot, comme si le son de sa voix lui eût inspiré de la terreur.

— Meurtre! mistress Dods! meurtre! impossible! on n'en a pas entendu parler dans les bureaux du shérif : il ne peut avoir été commis un meurtre dans le comté sans que j'en sois informé. Pour l'amour du ciel! faites attention à ce que vous dites, femme, et n'allez pas vous mettre dans l'embarras.

— Je ne puis vous parler que conformément à mes lumières, maître Bindloose : vous êtes dans un sens un juge dans Israël, ou du moins vous êtes un des scribes de l'autorité. Je vous dis donc avec un cœur rempli de chagrin et d'amertume, que ce pauvre jeune homme qui logeait chez moi a été assassiné ou enlevé par ces bandits de la Source, et je ferai exécuter les lois contre eux, quand il devrait m'en coûter cent livres sterling.

Le clerc du shérif parut fort surpris de ce que lui disait Meg, et de l'opiniâtreté avec laquelle elle soutenait son accusation.

— J'ai la consolation de pouvoir me dire, ajouta-t-elle, que, quoi qu'il lui soit arrivé, ce n'est point par ma faute; car avant que ce Philistin à demi-paye, ce

2.

Mac Turk, ce renégat altéré de sang eût pu lui parler, je lui peignai joliment la tête avec un balai. Mais ce pauvre garçon, qui ne connaissait pas plus la méchanceté des hommes qu'un agneau le couteau du boucher, voulut voir le vieux coupe-jarret endurci, et convint avec lui de se trouver avec quelqu'un de sa bande le même jour, à une heure, dans un certain lieu. Il sortit pour tenir sa parole; mais depuis ce temps personne ne l'a revu. Et ces misérables coquins cherchent à le déshonorer aujourd'hui, en disant qu'il s'est enfui du pays plutôt que de leur faire face. Une histoire bien probable, n'est-ce pas? Lui s'enfuir du pays pour de semblables godelureaux! et s'en aller sans payer son mémoire, lui qui était si régulier! et laisser derrière lui son porte-manteau, sa ligne, ses crayons, et ses peintures auxquelles il travaillait tant! C'est ma ferme croyance, maître Bindloose, et vous me croirez si vous voulez, qu'on lui a dressé des embûches entre mon auberge et Buckstane, où était le rendez-vous. Je l'ai pensé, je l'ai rêvé, je porterai plainte, et je les forcerai à m'en rendre compte, ou je ne me nomme pas Meg Dods. — C'est bien, maître Bindloose, c'est cela même; prenez votre plume et votre encre, et mettez-vous en besogne.

Ce ne fut qu'avec beaucoup de difficulté et à force de questions, que le clerc du shériff parvint à tirer de sa cliente un récit détaillé de ce qui s'était passé aux eaux de Saint-Ronan le jour où Tyrrel y avait dîné, du moins le récit de tout ce qu'elle pouvait en savoir; et à mesure qu'elle lui répondait, il faisait des notes sur ce qui lui paraissait devoir être de quelque importance. Enfin, après quelques instants de réflexion, il lui demanda fort naturellement comment elle avait été instruite du fait matériel qu'un rendez-vous pour un duel avait été convenu entre M. Tyrrel et le capitaine Mac Turk, puisque, d'après elle-même, leur conversation avait eu lieu *intra parietes, et remotis testibus.*

— C'est fort bien, répondit Meg, mais nous autres aubergistes nous savons toujours assez bien tout ce qui se passe chez nous; et, puisqu'il faut tout vous dire, j'écoutais leur entretien par le trou de la serrure.

— Et vous les avez entendus prendre des arrangemens pour un duel, sans faire aucune démarche pour prévenir un malheur, malgré l'affection que vous prétendez avoir pour ce jeune homme! En vérité, mistress Dods, j'aurais cru que vous auriez agi tout différemment.

— Que voulez-vous, maître Bindloose? répondit Meg en s'essuyant les yeux avec son tablier; c'est là ce qui me fâche plus que tout le reste, et vous n'avez pas besoin de me le reprocher, puisque je me le reproche assez à moi-même. Mais il a été proposé et accepté chez moi bien des cartels, comme on les appelle, quand ces étourdis des clubs de Wildfire et d'Helter-Skelter venaient s'y divertir, et ils avaient assez de bon sens pour finir toujours par arranger leurs affaires à l'amiable; de sorte que je ne croyais vraiment pas qu'il pût en arriver un malheur. Vous devez songer d'ailleurs, maître Bindloose, qu'il n'aurait pas été honorable pour une maison décente comme la mienne, qu'un jeune homme honnête qui y logeait eût l'air de lâcher le pied devant es vauriens et les vagabonds de l'hôtel.

— C'est-à-dire, mistress Dods, que vous n'étiez pas

fâchée que votre hôte se battît pour l'honneur de votre maison.

— Eh pourquoi non, maître Bindloose? L'honneur d'une bonne maison, d'un bâtiment carré à trois étages, ne mérite-t-il pas qu'on se batte pour lui tout aussi bien que celui de ces têtes sans cervelle qui font tant de bruit de leur réputation? Ma maison était connue dans le vieux village de Saint-Ronan bien long-temps avant qu'ils fussent nés, et elle s'y élèvera encore long-temps après qu'ils auront été pendus, comme je me flatte que quelques-uns d'entre eux le seront.

— Fort bien; mais peut-être votre jeune homme, n'ayant pas autant de zèle pour l'honneur de votre maison, a été assez prudent pour se mettre à l'abri de tout danger; car, d'après ce que je comprends, ce rendez-vous n'a jamais eu lieu.

— Pas autant de zèle, maître Bindloose! vous ne le connaissez guère. Je voudrais que vous l'eussiez vu quand il était en colère. Moi-même j'osais à peine le regarder en face, et il y a peu de personnes de qui j'en dirais autant. Un rendez-vous! non sans doute, il n'a pas eu lieu : ils n'auraient pas osé se mettre en face de lui. Mais je suis sûre qu'il lui en est arrivé pire que si le rendez-vous avait eu lieu; car Antoine a entendu tirer deux coups de feu pendant qu'il menait les chevaux à l'abreuvoir; et il n'est pas bien loin du sentier qui conduit à Buckstane. A coup sûr, je lui ai reproché de ne pas avoir été en avant pour voir ce que c'était; mais il croyait que c'était le vieux Pirnel qui chassait avec son fusil à deux coups, et, si l'on était venu à l'arrêter pendant qu'il braconnait, Antoine ne se souciait pas de se mettre dans le cas d'être appelé en témoignage.

— Rien de plus vraisemblable, et je suis convaincu qu'il a entendu quelque braconnier tirer un double coup. Croyez-moi, mistress Dods, la partie proposée par le capitaine Mac Turk n'était pas du goût de votre jeune homme, qui, étant probablement d'un caractère pacifique, sera retourné tranquillement dans son domicile, s'il en a un. Je regrette véritablement que vous vous soyez donné la peine de faire une si longue course pour une affaire si simple.

Mistress Dods resta quelques instants les yeux baissés, avec un air d'humeur et de mécontentement que son ton fit encore mieux sentir quand elle reprit la parole.

— Eh bien, dit-elle, il faut vivre pour apprendre, comme on dit. Je croyais avoir un ami en vous, maître Bindloose; et j'ai toujours pris votre parti quand j'entendais dire que vous n'étiez qu'un vieux radoteur, puis ceci, puis cela, et encore autre chose. Et c'est toujours vous qui avez gardé mon peu d'argent, quoique Tam Turnpenny demeure à moins de distance, et qu'il donne un demi pour cent de plus que vous, dit-on, quand l'argent lui reste un certain temps; vous savez que je ne touche guère au mien.

— Mais vous n'avez pas chez Tam Turnpenny les sûretés que vous offre une banque, madame: répondit Bindloose avec quelque chaleur. Je n'attaque le crédit de personne, cela me conviendrait mal; néanmoins je me flatte qu'il y a quelque différence entre la maison de Tam Turnpenny et la banque.

— Banque par-ci, banque par-là, je vous répète que je croyais avoir un ami en vous, maître Bindloose, et il me semble que je n'ai pas eu grand profit à faire tout le chemin de chez moi chez vous.

— De par le ciel! madame, que voulez-vous que je fasse d'après une histoire aussi saugrenue que la vôtre? Soyez un peu raisonnable, mistress Dods; faites attention qu'il n'y a pas de *corpus delicti*.

— *Corpus delicti!* et qu'est-ce que c'est? quelque chose qu'il faut payer sans doute; car tous vos grands mots finissent toujours par-là. — Et pourquoi n'aurais-je pas un *corpus delicti*, ou un *habeas corpus*, ou tel autre *corpus* que bon me semble, tant que j'ai de l'argent comptant pour le payer?

— Dieu me pardonne! mistress Dods, vous vous méprenez étrangement. Quand je dis qu'il n'y a pas de *corpus delicti*, je veux dire qu'il n'y a pas de preuve qu'il ait été commis un crime.

— Et osez-vous bien dire que le meurtre n'est pas un crime? s'écria Meg, dont l'esprit était trop plein de l'idée qu'elle avait conçue pour en admettre une autre. — Eh bien, moi, je soutiens que c'en est un, et qu'il y a bien des gens qui l'ont payé de leur cou.

— Je sais parfaitement tout cela, mistress Dods; mais je vous dis qu'il n'y a aucune preuve de meurtre dans cette affaire, aucune preuve qu'un homme ait été tué. On ne représente pas le cadavre, et c'est là ce que j'appelle le *corpus delicti*.

— Eh bien donc, que le diable vous le fasse représenter à coups de fourche! dit Meg en se levant d'un air courroucé. Je vais retourner à Saint-Ronan; et quant au corps de ce pauvre jeune homme, je le trouverai, dussé-je faire remuer la terre à la pioche et à la pelle à trois milles tout autour de chez moi, quand ce ne serait que pour avoir la consolation de lui donner la sépulture chrétienne, de faire pendre ce scélérat de Mac Turk, et toute cette bande d'assassins qui sont à la mare, et de faire honte à un vieux fou de radoteur comme vous, John Bindloose.

Elle se leva, rouge de colère, pour appeler sa voiture; mais il n'était ni de l'intérêt ni dans l'intention du clerc du shériff de laisser partir son ancienne pratique dans des sentimens hostiles. Il la supplia d'avoir un peu de patience, et lui rappela que ses chevaux, pauvres créatures, devaient être fatigués de leur course. Cet argument était irrésistible pour la vieille hôtesse, habituée dès son enfance à regarder le soin de ses chevaux comme un de ses premiers devoirs. Elle se replaça donc sur la chaise avec un air d'humeur, et M⁰ Bindloose se mettait l'esprit à la torture pour trouver quelque moyen de lui faire entendre raison, quand son attention fut attirée par un assez grand bruit qui se fit entendre dans le vestibule.

CHAPITRE XV.

UN LOUANGEUR DU TEMPS PASSÉ.

> « Que votre voyageur, arrivé d'aujourd'hui,
> » Vienne dîner chez moi, son curedent et lui »
> SHAKSPEARE.

Le bruit qui détourna l'attention de Mᵉ Bindloose de l'affaire dont Meg Dods venait de l'entretenir, comme nous l'avons dit à la fin du chapitre précédent, était produit par un nouveau-venu pressé et impatient qui frappait à la porte du bureau de la banque, placé dans un appartement à gauche du vestibule, tandis que le salon vert, dans lequel il avait reçu mistress Dods, était sur la droite.

En général, ce bureau était ouvert à tous ceux qui y avaient affaire ; mais en ce moment, quelque pressé que pût être celui qui frappait à la porte, les clercs du banquier légiste ne pouvaient la lui ouvrir, attendu la prudente précaution qu'avait prise M⁰ Bindloose de la fermer à double tour, pour les empêcher de venir écouter sa conversation avec mistress Dods. Ils ne répondirent donc aux coups redoublés de l'étranger qu'en lui apprenant, en ricanant tout bas, qu'ils étaient enfermés, satisfaits intérieurement sans doute que les soupçons du clerc du shériff les empêchassent de s'acquitter de leur devoir.

Tout en maudissant ses clercs de bon cœur comme les fléaux constans de sa vie, M⁰ Bindloose accourut dans le vestibule, et fit entrer l'étranger dans son bureau. La porte de ce bureau et celle du salon vert étant restées ouvertes, les oreilles de la mère Dods, habiles, comme le lecteur le sait, à écouter ce qui se passait, purent entendre une partie de la conversation. Elle semblait rouler sur une affaire d'argent de quelque importance, comme Meg le comprit, quand l'étranger, dont le verbe était naturellement haut et le ton aigre, élevant la voix encore davantage, s'écria, après un entretien qui avait duré environ cinq minutes : — Une prime, monsieur! pas un *para*, pas un *couri*, pas un *farthing* (1)! Une prime pour escompter un billet de la banque d'Angleterre! me prenez-vous pour un sot? Ne sais-je pas que vous prétendez traiter au pair quand vous donnez des bons sur Londres à quarante jours?

Ici M⁰ Bindloose murmura assez indistinctement quelques mots sur l'usage de la banque.

— Usages, monsieur! s'écria l'étranger; non, mon-

(1) Petites monnaies de Turquie, d'Afrique et d'Angleterre.
T<small>R</small>.

sieur, ce n'en est pas un ; et si c'en est un, qu'il aille au diable! Ne me parlez pas de vos usages. Morbleu! monsieur, je connais le taux du change de tout l'univers. J'ai tiré des traites de Tombuctou, et mon banquier du Strand les a payées avec celles que Bruce tira de Gondar. Me parler de prime pour un billet de la banque d'Angleterre! Eh! qu'avez-vous à le regarder? Doutez-vous qu'il soit bon? Je puis vous en donner un autre.

— Cela est inutile, monsieur, le billet me paraît bon; mais il est d'usage de l'endosser.

— Certainement. Donnez-moi donc une plume : croyez-vous que je puisse écrire avec ma canne? Quelle espèce d'encre avez-vous là? jaune comme une sauce au curry (1). N'importe, voici mon nom : Peregrine Touchwood. J'ai reçu mon prénom des Willoughbys. Eh bien! m'avez-vous donné la monnaie de mon billet sans retenir de prime?

— Sans rien retenir, monsieur, absolument rien.

— A la bonne heure, c'est vous qui devriez me donner une prime au lieu de m'en demander une.

— Je vous assure que ce n'est pas notre usage, monsieur, ce n'est nullement notre usage. Mais si vous vouliez passer dans le salon et accepter une tasse de thé...

— Une tasse de thé! répéta l'étranger, dont la voix devenait plus distincte à mesure qu'il s'approchait du salon, en suivant maître Bindloose dans le vestibule ; eh bien, soit! Une tasse de thé serait une assez bonne chose si l'on pouvait en avoir de véritable. Mais quant à votre prime...

(1) Sauce des Indes orientales, et qui commence à être en usage en Angleterre. — Tr.

En parlant ainsi, il entra dans le salon et salua mistress Dods, qui, voyant ce qu'elle appelait un homme honnête et décent, dans la poche duquel elle savait qu'il y avait des guinées et des billets de banque, lui fit une de ses plus belles révérences.

M. Touchwood, qu'elle examina alors de plus près, était un homme de petite taille, mais vigoureux et actif, et conservant, malgré soixante ans et plus, l'élasticité de la jeunesse. Ses traits exprimaient une entière confiance en lui-même, et une sorte de mépris pour tous ceux qui n'avaient ni vu ni enduré tout ce qu'il avait vu et enduré lui-même. Ses cheveux courts commençaient à peine à grisonner. Ses yeux, noirs comme du jais, étaient petits, enfoncés et brillans, et ils contribuaient, avec un nez court et retroussé, à exprimer son habitude d'emportement et de colère. Son teint, graces aux vicissitudes de climats qu'il avait subies, était de couleur de brique; et son visage, qui, à quelques pas de distance, semblait lisse et uni, offrait, vu de plus près, une foule de petites rides qui s'y croisaient dans tous les sens, mais si superficielles, qu'elles paraissaient faites avec la pointe d'une petite aiguille. Il portait pour costume un habit bleu, un gilet et des culottes de peau de buffle, des demi-bottes cirées avec grand soin, et une cravate de soie, nouée avec une précision militaire. La seule portion de ses vêtemens qui eût l'air antique était un chapeau à cornes de dimensions équilatérales, auquel était attachée une très-petite cocarde.

Mistress Dods, accoutumée à juger des personnes à la première vue, dit par la suite qu'aux trois pas qu'il fit depuis la porte jusqu'à la table sur laquelle le thé était servi, elle avait reconnu, sans crainte de se tromper, la démarche d'un homme en état de bien figurer dans le monde. — Et c'est à quoi, ajouta-t-elle en clignant de l'œil, nous autres aubergistes nous nous trompons rarement. Si le gilet brodé en or a les poches vides, celui de peau de daim tout uni, qui en a de bien garnies, est le plus beau des deux.

— Voici une matinée bien humide, ma bonne dame, dit M. Touchwood, sans doute pour reconnaître dans quelle compagnie il se trouvait.

— Une douce matinée (1), monsieur, pour la récolte, répondit Meg d'un ton solennel.

— Vous avez raison, madame, *douce* est l'expression convenable, quoiqu'il y ait bien du temps que je ne l'aie entendu employer. J'ai fait deux fois le tour du monde depuis que je n'ai entendu parler d'une douce matinée.

— Vous êtes donc de ce pays (2)? dit le clerc du shériff, faisant ingénieusement cette supposition dans l'espoir d'obliger l'étranger à s'expliquer lui-même. Cependant il me semble que Touchwood n'est pas un nom écossais; je ne le connais pas du moins.

— Un nom écossais! répéta le voyageur, non. Mais on peut avoir déjà voyagé dans ce pays sans y être né; ou, si l'on y est né, on peut avoir eu quelque raison pour changer de nom. Il y a plus d'une cause qui peut obliger un homme à changer de nom.

— Sans contredit, et il peut s'en trouver de très-

(1) Saft, soft. — Tr.

(2) Il est bon de faire observer ici que Meg prononce le mot *douce* en écossais, et comme M. Touchwood le comprend, c'est ce qui donne occasion à M° Bindloose de lui demander s'il est né en Écosse. — Tr.

bonnes, comme par exemple s'il s'agissait de recueillir une succession, et que le testateur y eût mis pour condition que le légataire prendrait son nom.

— Ou, par exemple, ajouta l'étranger, si un homme avait rendu son pays trop chaud pour lui sous son véritable nom.

— C'est une supposition qu'il ne me conviendrait pas de faire. Mais quoi qu'il en soit, si vous avez connu autrefois ce pays, vous devez être émerveillé des changemens survenus depuis la guerre d'Amérique. Des montagnes où l'on ne voyait que des bruyères, et qui sont couvertes de luzernes. Les baux des terres doublés, triplés, quadruplés. Les vieux donjons des châteaux démolis, et nos lairds logés dans d'aussi belles maisons qu'on peut en avoir en Angleterre.

— Grand bien leur fasse, dit M. Touchwood avec vivacité, c'est un troupeau de fous !

— Vous ne semblez guère enthousiasmé de tous ces heureux changemens, monsieur, dit Bindloose, surpris de trouver une voix de dissentiment quand il croyait que les suffrages devaient être unanimes.

— Enthousiasmé ! oui, j'en suis enthousiasmé, comme je le suis du diable, qui en est l'auteur, à ce que je crois. Vous vous êtes mis dans la tête qu'il fallait tout changer. Vous avez été inconstans comme l'eau ; mais comme elle, vous n'excéderez pas vos limites. Je vous dis qu'il y a eu plus de changemens depuis quarante ans dans votre pauvre coin de pays, qu'on n'en a vu depuis quarante siècles, que je sache, dans les grands empires de l'Orient.

— Eh ! pourquoi non ? si ces changemens sont pour le mieux.

3.

— Mais ils ne sont pas pour le mieux. J'ai laissé vos paysans pauvres comme des rats, j'en conviens, mais honnêtes, industrieux, supportant leur sort dans ce monde avec patience et fermeté, et levant les yeux vers l'autre avec espérance. Maintenant je n'y trouve plus que des serviteurs intéressés, regardant à leur montre toutes les dix minutes, de peur de travailler un instant de trop pour leur maître. Au lieu de lire la Bible les jours ouvriers, et d'aller écouter le ministre discuter les points douteux de controverse les dimanches, ils glanent toute leur théologie dans Payne et dans Voltaire.

— Et je puis garantir que monsieur dit la vérité, dit Meg Dods. Jusque dans ma cuisine, j'ai trouvé un paquet de leurs blasphèmes. Mais j'ai fait maison nette du vaurien de colporteur qui les y avait apportés. Ce n'est pas assez de faire tourner la tête des servantes avec leurs ballades, de les rendre folles avec leurs rubans, il faut encore qu'ils les trompent en leur faisant prendre les marchandises du diable, comme je puis le dire, en échange de leurs précieuses ames, et en tirant d'elles l'argent qu'elles devraient employer à soutenir un pauvre vieux père infirme ou qui se trouve sans ouvrage.

— Leur père! madame, s'écria M. Touchwood, elles n'y pensent pas plus que Regane ou que Gonerile (1).

— Je vois que vous connaissez bien notre sexe, monsieur. Voilà pourtant ce que je leur prêche à toutes les heures du jour; mais attendez qu'elles profitent d'une bonne doctrine!

(1) Les filles du *Roi Lear.* — Éd.

— Ajoutez, madame, que toutes ces brutes sont devenues mercenaires. J'ai vu le temps où un Écossais aurait rougi de toucher à un shilling sans l'avoir gagné, et cependant il était aussi disposé à aider un étranger, que le serait un Arabe du grand désert. Et l'autre jour, ayant laissé tomber ma canne pendant que j'étais à cheval, un drôle qui travaillait à une haie, et qui avait fait trois pas pour la ramasser, me répondit, quand je l'eus remercié, que je pouvais aller au diable moi et mes remerciemens, si je n'avais pas autre chose à lui donner. Saint-Giles n'aurait pas mieux fait.

— Tout cela peut être comme vous le dites, monsieur, dit maître Bindloose, et sans contredit la richesse tourne la tête; mais le pays est riche, on ne peut le nier, et la richesse, comme vous le savez...

— Prend souvent des ailes pour s'envoler, répondit le cynique étranger; mais je ne suis pas même bien sûr que nous la possédions maintenant. Vous faites un grand étalage de vos bestiaux et de la culture de vos terres, mais tout cela n'est pas une preuve de richesse, pas plus que la corpulence d'un homme ne prouve sa force et sa santé.

— Sûrement, M. Touchwood, des propriétaires vivant comme de véritables lairds, des fermiers tenant meilleure table que les lairds ne le faisaient autrefois, et voyant venir la Pentecôte et la Saint-Martin (1) sans plus de crainte que je n'en ai quand je vois arriver mon déjeuner... Si ce ne sont pas là des signes de richesse, je ne sais où il faut en chercher.

— Ce sont des signes de folie, monsieur, d'une folie

(1) Termes ordinaires du paiement des fermages. — TR.

qui est pauvre, et qui le devient encore davantage en voulant passer pour riche. Et comment obtiennent-ils ces moyens d'ostentation ? Vous qui êtes banquier, monsieur, vous pourriez peut-être me le dire mieux que je ne pourrais le deviner.

— Il est possible qu'ils fassent escompter un billet de temps en temps, M. Touchwood ; mais il faut qu'on trouve des facilités, ou le monde resterait stationnaire. Les facilités sont l'huile qui fait aller les roues.

— Et qui fait dégringoler au diable. Je vous ai laissés empestés d'une seule banque, la banque d'Ayr, mais tout le pays maintenant est une banque d'Ayr, je crois ; et qui paiera les violons (1) ? Mais que m'importe ? je ne serai pas long-temps dans le pays. Cette vraie tour de Babel ferait tourner la tête d'un homme qui a passé sa vie avec des gens aimant mieux un bon siège qu'une course folle, le silence que le bavardage ; ne mangeant que quand ils ont faim, ne buvant que lorsqu'ils ont soif ; ne riant jamais sans sujet, et ne parlant que quand ils ont quelque chose à dire. Mais ici il faut courir, trotter, galoper. On ne trouve que mousse et écume ; point de tenue, point de caractère.

— Je gagerais ma vie, dit Meg en regardant son ami Bindloose, que monsieur a été là-bas, au nouveau Spa.

— Qu'appelez-vous Spa, madame ? Si vous voulez parler du nouvel établissement formé à Saint-Ronan, c'est la source véritable de la folie et de la fatuité, une tour de Babel pour la confusion des langues, une foire de vanité et de sottises.

— Monsieur, monsieur, s'écria dame Dods, enchan-

(1) *Scotice*, la cornemuse, *the piper*. — Tr.

tée de la sentence qu'elle venait d'entendre porter contre ses rivaux à la mode, et empressée de montrer son respect pour le judicieux étranger qui l'avait prononcée; — me permettrez-vous d'avoir le plaisir de vous verser une tasse de thé? Et en même temps elle se mit en possession de l'administration de la théière, restée jusqu'alors entre les mains de maître Bindloose. — J'espère qu'il est à votre goût, monsieur, ajouta-t-elle quand maître Touchwood lui eut avancé sa tasse avec cet air de satisfaction que ceux qui aiment à parler montrent ordinairement à ceux qui veulent bien les écouter.

— Il est aussi bon que nous avons droit de nous y attendre, madame, quoiqu'il ne soit pas comparable à celui que j'ai bu à Canton avec le vieux Tong-Qua. Mais le céleste empire n'envoie pas à Londres son meilleur thé; et Londres n'envoie pas à Marchtorn ce qu'il a de meilleur.

— Cela peut être vrai, monsieur; mais j'ose garantir que le thé de maître Bindloose est beaucoup meilleur que celui qu'on vous a servi là-bas au nouveau Spa.

— Du thé, madame! je n'y en ai jamais vu. On apportait des feuilles d'épines et de frêne dans des boîtes à thé bien peintes, et l'on en faisait une infusion que des singes bien poudrés présentaient à ceux qui pouvaient se résoudre à la prendre, et qui la buvaient au milieu du bavardage des perroquets et du miaulement des chats. Je regrettais de ne plus être au temps du Spectateur, où j'aurais pu déposer mon *penny* au comptoir, et me retirer sans cérémonie. Mais non, cette bienheureuse décoction circulait sous les auspices d'une demi-douzaine de bas-bleus à demi folles, et nous étions embarrassés de tout le cérémonial d'une fête pour quelques cuillerées de ce misérable breuvage.

— Eh bien, monsieur, tout ce que je puis dire, c'est que si j'avais été assez heureuse pour vous recevoir chez moi, à l'ancienne auberge du vieux village de Saint-Ronan, que ma famille tient depuis deux générations, je ne prétends pas dire que vous auriez eu du thé aussi bon que celui que vous avez été accoutumé à boire dans les pays étrangers qui le produisent ; mais je me serais fait un devoir d'offrir à un homme comme vous le meilleur que j'aie à la maison, et je ne le fais jamais payer plus de six *pence*, comme mon père le faisait de son temps.

— Je voudrais avoir su que l'ancienne auberge existait encore, madame, j'aurais certainement logé chez vous, et j'aurais envoyé tous les matins chercher de l'eau à la source ; car les médecins prétendent qu'il faut que je prenne les eaux de Cheltenham, ou quelque autre de même nature, pour chasser la bile, peut-être pour cacher leur ignorance ; de sorte que j'ai choisi ce que j'ai regardé comme le moindre mal des deux. Mais j'ai été diablement trompé dans mon calcul ! Votre Spa ! autant vaudrait loger dans une cloche. Il faut que le jeune Saint-Ronan soit fou pour avoir établi une telle pétaudière sur l'ancien domaine de son père.

— Connaissez-vous l'héritier de Saint-Ronan d'aujourd'hui ?

— Je ne le connais que de réputation ; mais j'ai entendu parler de sa famille, et je crois qu'il en est question dans l'histoire d'Écosse. J'ai été fâché d'apprendre qu'elle est plus bas dans le monde qu'elle ne l'était autrefois ; et ce jeune homme ne prend pas le bon moyen pour la relever en passant son temps avec des joueurs e des aigrefins.

— Je serais bien fâchée que cela fût ainsi, dit l'honnête Meg Dods, dont le respect héréditaire pour la famille Mowbray l'empêchait toujours de se permettre aucun propos qui pût nuire à la réputation du jeune laird. — Ses ancêtres ont eu des bontés pour les miens, monsieur; et, quoiqu'il puisse l'avoir oublié, il ne me convient pas de dire de lui ce qu'on ne devrait pas avoir à dire du fils de son père.

M. Bindloose, qui n'était pas retenu par les mêmes motifs, déclama contre Mowbray, qu'il représenta comme un dissipateur inconsidéré de sa propre fortune et de celle des autres. — J'ai quelque raison pour en parler, ajouta-t-il; il m'a été présenté deux de ses traites, de cent livres chacune, que j'ai escomptées par égard et par respect pour son ancienne famille; mais il ne pense pas plus à les acquitter qu'à solder toute la dette nationale. Et il vient de faire rafle dans toutes les boutiques de Marchtorn, pour une fête qu'il va donner à tout ce beau monde des eaux de Saint-Ronan; et les marchands ont été obligés de prendre ses acceptations en paiement de leurs fournitures. Mais les escomptera qui voudra. Je connais quelqu'un qui n'avancera jamais un plack ni un bawbie sur aucun billet signé ou endossé *John Mowbray*. Il ferait mieux de payer les dettes qu'il a déjà contractées que d'en faire de nouvelles pour amuser des fous et des flatteurs.

— Je crois qu'il en sera pour ses préparatifs, dit M. Touchwood; car j'ai entendu dire que la fête a été remise par une indisposition de miss Mowbray.

— Pauvre fille! dit dame Marguerite Dods, il y a bien du temps que sa santé est dérangée.

— On dit qu'il y a là quelque chose qui ne va pas bien, dit M. Touchwood en appuyant un doigt sur son front.

— Dieu seul le sait, mais je soupçonne que le cœur est plus malade que la tête. Au surplus, on fait tellement aller la pauvre créature et à droite et à gauche, et à cette mare de Spa; elle a si peu de société chez elle, qu'il n'est pas bien étonnant que son esprit ne soit pas tout-à-fait ce qu'il devrait être.

— Eh bien, madame, on la dit plus mal qu'elle ne l'a jamais été, et c'est ce qui a fait remettre la partie projetée. D'ailleurs, à présent que ce jeune lord est arrivé aux eaux on attendra sans doute qu'elle soit guérie.

— Un lord! s'écria dame Dods; un lord à la mare! Il n'y aura plus moyen d'y tenir. Un lord! on ne pourra plus les regarder. Un lord! comme cela va les gonfler d'orgueil! Un lord! que Dieu nous protège! un lord à l'hôtel! mais, M. Touchwood, ce n'est peut-être qu'un lord des sessions (1)?

— Non pas, non pas, ma bonne dame, c'est un lord anglais ayant droit de siéger à la chambre des pairs du parlement. Cependant quelques personnes prétendent qu'il y a un vice dans son titre.

— Je garantis qu'il y en a un, s'écria Meg avec vivacité; car elle ne pouvait supporter l'idée de la nouvelle importance qu'allait acquérir l'établissement dont elle était jalouse, en devenant la demeure d'un pair

---

(1) C'est-à-dire un juge. On donne aux juges de la cour le titre de lord des sessions. — Éd.

d'Angleterre. Un, dites-vous? Je réponds qu'il y en a une douzaine. Vous verrez que c'est quelque lord flibustier de leur façon, et dont la perte ne les tourmentera guère. Et sans doute il est arrivé bien malade, et il ne tardera pas à s'en aller en bonne santé, pour ajouter à la célébrité des eaux de leur Spa.

— Ma foi, madame, sa maladie est d'un genre que les eaux auraient peine à guérir. — Il a été blessé à l'épaule, d'un coup de pistolet que lui a tiré, à ce qu'il paraît, un brigand qui voulait le voler. C'est encore un de vos heureux changemens arrivés en Écosse. Jamais pareille chose n'y serait arrivée de mon temps. On y aurait plutôt rencontré le phénix qu'un voleur de grand chemin.

— Et où cela est-il arrivé, s'il vous plaît, monsieur? demanda l'homme aux escomptes.

— Pas bien loin du vieux village; et, si l'on m'a bien informé, ce fut mercredi vers midi.

— Voilà qui explique, à ce qui me semble, les deux coups de feu qu'Antoine a entendus, mistress Dods. C'était le même jour, à la même heure. — Oh! ce ne pouvait être que cette attaque contre ce noble étranger.

— Peut-être oui, peut-être non, maître Bindloose; il faudra que j'y voie plus clair avant que je prononce mon jugement dans cette affaire. Mais je voudrais bien savoir, ajouta-t-elle, revenant au sujet dont la conversation intéressante de M. Touchwood avait distrait quelques instans ses pensées, je voudrais bien savoir si monsieur a entendu parler là-bas de M. Tyrrel.

— Si c'est l'individu désigné dans ce papier, répondit l'étranger en tirant de sa poche un petit papier imprimé, j'ai à peine entendu parler d'autre chose. On en faisait un tel bruit, que j'étais aussi fatigué d'entendre le nom de Tyrrel, que le fut jamais Guillaume-le-Roux (1). Quelque sotte querelle qu'il avait eue, et pour laquelle il n'a pas jugé à propos de se battre, comme leur sagesse prétendait qu'il aurait dû le faire, a été la principale cause de la censure qu'il s'est attirée. C'est encore une autre folie qui a gagné du terrain chez vous. Autrefois deux vieux lairds orgueilleux, ou deux cadets de bonne famille, pouvaient avoir une querelle, se donner un rendez-vous et se battre en duel à la mode gothique de leurs ancêtres, mais jamais des gens qui n'avaient pas d'ancêtres ne songeaient à commettre un tel acte de démence. Et aujourd'hui voilà qu'on dénonce au public un misérable barbouilleur de toile (car je crois que tel est le métier de ce héros), comme si c'était un officier général, dont la profession serait d'être brave, et qui perdrait son pain en perdant son honneur. Ha! ha! ha! cela rappelle Don Quichotte, qui prit son voisin Samson Carasco pour un chevalier errant.

La lecture de cet imprimé, qui contenait les pièces que nous avons déjà mises sous les yeux de nos lecteurs, c'est-à-dire l'exposé de sir Bingo, le certificat du docteur, et les délibérations prises par le comité d'administration, inspira à M. Bindloose une réplique nouvelle à mistress Dods. Il s'adressa à elle en modérant son air de triomphe autant que le lui permit sa vanité satisfaite de la pénétration de son jugement :

— Vous voyez maintenant que j'avais raison, mistress Dods, et que vous n'aviez nul besoin de vous don-

---

(1) Guillaume-le-Roux, fils de Guillaume-le-Conquérant fut tué à la chasse par Walter Tyrrel un de ses favoris. — Éd.

ner la peine de faire une si longue course. Le jeune homme, au lieu de regarder sir Bingo en face, a trouvé plus convenable de lui tourner le dos ; et je crois qu'en cela il s'est montré le plus sage des deux. Vous en avez ici la preuve imprimée.

— Tout savant que vous êtes, maître Bindloose, il peut se faire que vous vous trompiez ; mais je vous promets que je ferai de strictes recherches sur cette affaire.

Ceci amena une nouvelle altercation sur le destin probable de Tyrrel, et l'étranger prit lui-même quelque part à la discussion.

Enfin, voyant que M. Bindloose, qui avait de l'expérience en affaires, persistait à ne pas admettre l'hypothèse de l'assassinat de Tyrrel, Meg Dods se leva d'assez mauvaise humeur pour ordonner qu'on mît les chevaux à son wisky. Mais toute hôtesse qu'elle était dans ses propres domaines, elle comptait en cette occasion sans son hôte ; car son postillon bossu, aussi absolu dans son département qu'elle était despote dans sa maison, lui déclara formellement que ses bêtes ne seraient pas en état de se remettre en route avant deux heures.

La bonne dame fut donc obligée de se résigner au bon plaisir de son serviteur, non sans regretter amèrement le tort que son absence allait faire à sa maison, se figurant d'avance une longue liste de plats brisés, d'écots mal calculés, de chambres en désordre, et d'autres désastres qu'elle s'attendait à apprendre à son retour.

M. Bindloose, qui désirait recouvrer les bonnes graces de sa cliente, qu'il avait jusqu'à un certain point perdues en la contrariant sur un point qu'elle avait fort à cœur, ne voulut pas lui offrir, pour motif de consolation, la réflexion bien naturelle, quoique peu agréable, qu'une auberge presque déserte n'est guère exposée aux accidens qu'elle appréhendait. Au contraire, il entra dans ses chagrins de la manière la plus cordiale, et alla même jusqu'à dire que, si M. Touchwood était venu de Saint-Ronan avec des chevaux de poste, comme ses bottes bien cirées semblaient le prouver, elle pourrait en profiter pour retourner chez elle plus promptement.

— Je ne sais pas trop, dit sur-le-champ M. Touchwood, si je ne retournerai pas moi-même à Saint-Ronan. En ce cas je me ferai un plaisir de reconduire cette bonne dame chez elle, et j'y passerai même quelques jours si elle veut bien m'y recevoir. Je respecte, madame, une femme qui, comme vous, continue à suivre l'occupation que suivait son père. J'ai vu des pays, madame, où, de père en fils, chacun suit la même profession depuis des milliers d'années. J'aime cet usage ; il annonce un caractère exempt d'ambition et de légèreté.

La physionomie de mistress Dods s'épanouit quand elle entendit cette proposition ; elle protesta à M. Touchwood qu'elle ne négligerait rien pour lui rendre agréable le séjour qu'il ferait chez elle ; et, tandis que M. Bindlouse s'étendait en beaux discours pour prouver à l'étranger combien il s'y trouverait commodément, elle contemplait en silence et avec délice le triomphe éclatant qu'elle allait remporter quand on verrait un homme riche et respectable abandonner l'hôtel du Renard pour venir occuper un logement dans l'ancienne auberge du vieux village.

— Je ne suis nullement difficile, madame, lui dit

M. Touchwood; j'ai voyagé trop long-temps et dans des pays trop lointains pour tenir beaucoup à trouver toutes mes aises ; une *venta* espagnole, un *khan* persan, un *caravanserail* turc, sont la même chose pour moi. Seulement, comme je n'ai pas de domestique, attendu que je ne veux point avoir sans cesse sur mes pas le fléau d'un de ces fainéans, je vous prierai d'envoyer chercher à la source une bouteille d'eau, tous les matins que je ne pourrai pas y aller, car je crois réellement qu'elle me fait quelque bien.

Mistress Dods promit de satisfaire à cette demande raisonnable, et ajouta même, de la meilleure grace du monde, que les eaux de Saint-Ronan n'étaient pas mauvaises en elles-mêmes, et qu'il était même possible qu'elles fissent quelque bien. C'était seulement la nouvelle auberge qu'elle ne pouvait souffrir, pour ne rien dire des fous qui y logeaient, et qui s'appelaient *la compagnie*. On prétendait que Saint-Ronan avait fait prendre un bain au diable dans cette source, et que c'était pour cela qu'elle avait conservé un goût de soufre. Mais c'étaient des sornettes de papistes, car elle tenait de quelqu'un qui s'y connaissait, et c'était du ministre lui-même, que Saint-Ronan n'était pas un de ces saints romains idolâtres, mais seulement un *chaldien* (voulant dire probablement un Culdie) (1), ce qui était sans doute une histoire toute différente.

Les choses étant ainsi arrangées à la satisfaction des deux parties, la chaise de poste fut demandée, et elle arriva bientôt à la porte de la maison de M⁰ Bind-

---

(1) *Culdie*. Nous avons déjà signalé ce mot dans une note précédente. — Éd.

loose. Ce ne fut pas sans une répugnance secrète que Meg y monta quand elle eut vu écrit en grosses lettres sur la portière : Fox inn and hotel Saint-Ronan's well (1). Mais il était trop tard pour écouter de tels scrupules.

— Je n'aurais jamais cru que je serais montée un jour dans une de leurs chaises, dit-elle en s'asseyant ; et quelle chaise encore ! A peine y a-t-il place pour deux personnes. Je puis vous dire, M. Touchwood, que, lorsque je tenais des chevaux de poste, mes deux chaises auraient contenu chacune quatre personnes de l'âge de raison et autant d'enfans. J'espère que cette tête folle d'Antoine ramènera mon wisky aussitôt que les chevaux se seront reposés. Avez-vous assez de place, monsieur ? Je tâcherai d'en tenir encore moins s'il est possible.

— Oh ! madame, répondit l'orientaliste, je suis accoutumé à toute espèce de voiture. Un *dooly*, une litière, un palanquin, un chariot, une chaise de poste, tout cela me convient également. Je crois que je me placerais à côté de la reine Mab (2) dans une coquille de noix, plutôt que de rester en arrière. Pardon, madame, mais si cela ne vous incommode pas j'allumerai mon *sheroot* (3).

(1) Hôtel du Renard, à Saint-Ronan-les-Eaux. — Éd.

(2) La reine des Fées, si plaisamment décrite dans *Roméo et Juliette*. — Éd.

(3) Pipe indienne. — Éd.

CHAPITRE XVI.

LE MINISTRE DE VILLAGE.

« Chacun l'aimait pourtant, quoique ses revenus
» N'allassent pas plus loin que deux fois cent écus. »

Imitation de Chaucer, *par* Dryden.

Mistress Dods restait convaincue que son jeune ami Tyrrel avait été assassiné par le sanguinaire capitaine Mac Turk; mais les recherches qu'elle fit faire pour retrouver son corps ayant été infructueuses, et lui ayant coûté quelque argent, elle finit par désespérer d'y réussir. — J'ai fait mon devoir, pensait-elle; je laisse cette affaire à ceux qui devraient naturellement s'en charger. La Providence jettera du jour sur ce mystère quand elle le jugera à propos. Telles étaient les réflexions morales par lesquelles la bonne dame se consolait; et se livrant moins au ressentiment que ne le craignait Mᵉ Bindloose, tout en conservant son opinion, elle conserva aussi son banquier et son homme d'affaires.

Peut-être l'inaction à laquelle Meg se résigna dans une affaire qu'elle avait résolu d'approfondir si complètement, fut occasionée en partie par la circonstance que le pauvre Tyrrel eut pour successeur dans la chambre Bleue le nouvel hôte de mistress Dods, M. Touchwood, qui le remplaçait aussi dans ses pensées et dans les soins journaliers qu'elle prenait. Posséder chez elle un déserteur de l'hôtel du Renard, c'était à son avis un triomphe signalé qu'elle avait remporté sur ses rivaux. Nous devons convenir qu'il fallait quelquefois toute la force de cette réflexion pour que Meg, vieille et opiniâtre comme elle l'était, se déterminât à céder aux caprices et aux fantaisies sans fin de notre nouvel hôte, qui exigeait plus d'attention que personne qu'elle eût jamais connu.

Personne ne parlait autant que M. Touchwood de son indifférence pour toute espèce de nourriture et pour toutes les aises de la vie; et probablement jamais voyageur n'avait donné plus d'embarras dans une auberge. Il avait ses fantaisies en cuisine; et si l'on s'avisait de les contrarier, surtout quand il commençait à éprouver quelques douleurs de goutte, on aurait cru qu'il avait fait un apprentissage dans la boutique du pâtissier Bedreddin Hassan, et qu'il allait renouveler la scène de la malheureuse tarte à la crême dans laquelle on n'avait pas mis de poivre. Pas un jour ne se passait qu'il ne produisît quelque nouvelle doctrine en science gastronomique, et mistress Dods n'y voyant que des hérésies, la maison retentissait de leurs querelles. Ensuite, son lit devait être fait en suivant un certain angle d'inclinaison depuis l'oreiller jusqu'aux pieds. — La moindre déviation de cette règle le troublait, disait-il, dans son sommeil, et bien certainement lui donnait de l'humeur. Il n'était pas moins bizarre et exigeant sur la manière de brosser ses habits, de ranger les meubles de sa chambre, et sur mille autres minuties que, dans la conversation, il semblait complètement mépriser.

Il peut paraître singulier (mais telle est pourtant la bizarrerie de la nature humaine) que mistress Dods fût plus satisfaite d'un hôte dont le caractère était si fantasque et si capricieux, qu'elle ne l'avait été de son ami Tyrrel, si tranquille, si indifférent sur tout. Mais si son hôte savait blâmer, il savait aussi applaudir; et nul artiste, rendant justice à ses propres talens, comme le faisait mistress Dods, n'est indifférent aux éloges d'un connaisseur comme M. Touchwood. L'orgueil que lui inspiraient ses louanges la récompensait du surcroît de travail auquel il l'obligeait; d'ailleurs une autre considération pouvait avoir quelque poids sur l'esprit de notre honnête hôtesse, c'est que les voyageurs qui donnent le plus d'embarras sont ordinairement ceux qui font le plus de dépense et qui paient leur mémoire de la meilleure grace. Sur ce point Touchwood était un vrai trésor. Quoi qu'il pût lui en coûter, quelque embarras qu'il pût occasioner, jamais il ne se refusait la plus légère fantaisie; et il donnait tous ses ordres en protestant que rien ne lui était plus indifférent que ce qu'il demandait. Que diable avait-il besoin des sauces de Burgess, lui qui avait mangé son *kouscoussou* sans autre assaisonnement que le sable du désert? Mais c'était une honte pour mistress Dods de ne pas avoir chez elle ce qu'on devait en conscience s'attendre à trouver dans toute auberge d'un rang supérieur à un simple cabaret.

En un mot, déployant une activité infatigable, il ne faisait que donner de nouveaux ordres du matin au soir, et son hôtesse avec tous ses domestiques suffisaient à peine pour les exécuter; cependant au fond il était si bon quand il s'agissait d'objets essentiels, qu'il était impossible de conserver la moindre rancune contre lui. Aussi mistress Dods, quoique, dans un moment d'humeur, elle le souhaitât quelquefois sur le sommet du mont Tintock, finissait-elle toujours par chanter ses louanges. A la vérité elle ne pouvait s'empêcher de le soupçonner d'être un nabab, et ce soupçon lui était inspiré autant par sa conversation, où il parlait toujours des pays étrangers, que par la manière dont il aimait à satisfaire ses moindres désirs et par la générosité qu'il montrait à l'égard des autres, attributs qu'elle regardait comme caractéristiques de la plupart des enrichis de l'Inde (1). Mais, quoique nos lecteurs aient déjà eu une preuve que Meg avait en général des préventions contre les favoris de la fortune de cette classe, elle avait assez de bon sens pour savoir qu'un nabab vivant dans les environs et contribuant à la hausse du prix des œufs et des volailles, au grand mécontentement des bonnes femmes du voisinage, était bien différent d'un nabab demeurant dans sa maison, prenant chez elle tout ce dont il avait besoin, et payant

---

(1) *Men of Ind.* — Éd.

sans réplique et sans hésitation tous les mémoires que la conscience de l'hôtesse lui permettait de lui présenter. En un mot, pour en revenir au point où nous aurions peut-être pu nous arrêter un peu plus tôt, le voyageur et l'hôtesse étaient également satisfaits l'un de l'autre.

Cependant l'ennui trouve le moyen de se glisser partout, quand le vernis de la nouveauté est une fois enlevé, et cet ennemi formidable commença à s'emparer de M. Touchwood précisément à l'instant où tout allait à son gré dans l'auberge du *Croc*. Il avait instruit mistress Dods dans tous les mystères des sauces au cury et des soupes dites Mullegatawny. Il avait appris à la chambrière à faire son lit exactement suivant l'angle d'inclinaison recommandé par sir John Sainclair. Le postillon bossu avait même profité des leçons qu'il lui avait données sur la manière employée par les Arabes pour soigner leurs chevaux. Des pamphlets et des journaux venus de Londres et d'Édimbourg furent un renfort insuffisant pour mettre en déroute l'ennemi qui le harassait. Enfin, il pensa à voir quelque compagnie. Une ressource à cet égard s'offrait tout naturellement à lui aux eaux de Saint-Ronan, mais le voyageur frissonnait encore au souvenir de lady Pénélope Penfeather, qui ne l'avait pas ménagé pendant le peu de temps qu'il avait passé dans l'hôtel du Renard, et, quoique les attraits de lady Binks eussent pu charmer un Asiatique par les heureux contours de son embonpoint, M. Touchwood ne pensait guère à une sultane, ni à un harem. Enfin une brillante idée se présenta à son esprit, et il fit tout à coup une question inattendue à mistress Dods, pendant qu'elle lui versait du thé pour son déjeuner, dans une grande tasse d'une espèce de porcelaine particulière dont il lui avait donné un service complet, à condition qu'elle lui servirait elle-même son déjeuner tous les jours.

— Dites-moi donc, mistress Dods, quelle espèce d'homme est votre ministre.

— Un homme comme tous les autres, M. Touchwood. De quelle espèce voulez-vous qu'il soit?

— Un homme comme tous les autres! Ah! j'entends; c'est-à-dire qu'il a le nombre ordinaire de bras, de jambes, d'yeux et d'oreilles. Mais est-ce un homme de bon sens?

— Ah! ce n'est pas par là qu'il brille, car, voyez-vous, monsieur, s'il buvait ce thé que vous avez fait venir de Londres vous-même, il le prendrait pour du thé-bou ordinaire.

— Il n'a donc pas tous ses organes : il lui manque un nez, ou du moins le sien ne fait pas ses fonctions. Ce thé est de la véritable *poudre à canon*, d'un *bouquet* parfait.

— Cela peut être, monsieur, mais j'ai donné au ministre un verre de ma meilleure eau-de-vie de Cognac, de la véritable, et je veux mourir si, après l'avoir vidé, il ne me dit pas que c'était de l'excellent whisky. Or, dans tout le presbytère, dans tout le synode même, il n'y a que lui qui n'aurait pas su distinguer l'eau-de-vie, du whisky.

— Mais quelle sorte d'homme est-ce? est-il instruit?

— Instruit? Ah! il l'est bien assez, car il est devenu stupide à force de science. Il ne s'inquiète pas plus que vous comment tout va dans sa manse, pourvu qu'on le laisse lire et écrire. Aussi c'est une honte de voir sa maison! Si j'avais seulement une semaine sous la main les deux fainéantes qui servent ce brave homme : je leur apprendrais ce que c'est que de tenir une maison en bon ordre.

— Prêche-t-il bien ?

— Assez bien, assez bien. Quelquefois il lâche un mot de science que nos fermiers et même nos lairds à bonnet ne peuvent comprendre ; mais pourquoi non ? Comme je le leur dis toujours, il faut bien qu'il en donne pour leur argent à ceux qui le paient.

— Réside-t-il constamment dans sa paroisse ? Est-il charitable pour les pauvres ?

— Quant à cela, il ne l'est que trop, M. Touchwood. Je vous réponds qu'il exécute la parole de Dieu comme il la prêche, et qu'il ne tourne pas le dos à celui qui lui demande. Bien au contraire, car il se laisse vider les poches par un tas de vauriens et de fainéans qui courent le pays en mendiant.

— Qui courent le pays en mendiant, mistress Dods ! Que diriez-vous donc si vous aviez vu les fakirs, les bonzes, les dervis, les imans, les moines, et tous les mendians que j'ai vus ? Mais n'importe, continuez. Voit-il beaucoup de compagnie ?

— Beaucoup de compagnie ? non, vraiment. Il ne voit jamais personne, ni chez lui, ni ailleurs. Il descend le matin en grande robe de chambre déguenillée, comme s'il venait d'arracher des pommes de terre, et il s'assied au milieu de ses livres ; et, si on ne lui apporte pas à manger, jamais il ne pensera à en demander. On l'a vu, le pauvre insensé, rester ainsi dix heures à jeun ; c'est là ce que pourrait faire un papiste ; mais il ne le fait pas avec intention.

— Eh bien ! en ce cas, ma chère hôtesse, votre ministre n'est pas un homme aussi ordinaire que vous le prétendez. Oublier son dîner! il faut qu'il soit fou! il dînera aujourd'hui avec moi, et je prétends qu'il ait un dîner dont il puisse se souvenir long-temps.

— Vous pourrez trouver que cela est plus aisé à dire qu'à faire. Le brave homme n'est pas difficile en repas. D'ailleurs il ne dîne jamais dehors, c'est-à-dire quand il dîne; et alors une tasse de lait, une croûte de pain, peut-être une pomme de terre froide, voilà tout ce qu'il lui faut. C'est une manière de vivre un peu païenne pour un brave homme comme lui, car certainement un bon chrétien doit avoir soin de ses entrailles.

— Cela peut être; mais j'ai connu bien des gens qui avaient tellement soin de leurs entrailles, qu'il ne leur en restait plus pour personne. Mais allons, à l'ouvrage; faites-nous un aussi bon dîner pour deux que vous en êtes capable, et qu'il soit prêt à quatre heures très précises. Préparez du vieux vin des Canaries que j'ai fait venir de Cockburn. Une bouteille de mon sherry des Indes, et une autre de votre vieux bordeaux à cachet jaune; vous m'entendez. Un moment! c'est un ministre, il lui faut aussi du porto. Que tout soit prêt à l'heure dite, et ayez soin qu'on ne laisse pas le vin au soleil, comme cela est arrivé l'autre jour à cette sotte de Beck. Je ne puis aller moi-même la cave, mais qu'on ne fasse pas de méprise.

— Ne craignez rien, dit Meg en branlant la tête, ne craignez rien; je ne souffre jamais que personne, excepté moi, mette le nez dans ma cave. Mais jamais on n'a ordonné tant de vins pour deux personnes, et dont l'une est un ministre, par-dessus le marché.

— Eh quoi! folle que vous êtes, n'y a-t-il pas dans le village cette pauvre femme qui vient d'introduire un fou de plus dans ce monde? s'il en reste quelque chose, vous le lui enverrez.

— Un pot d'ale chaude lui conviendrait mieux, dit Meg; au surplus ce sera comme il vous plaira; mais je puis bien dire que jamais un homme comme vous n'a passé par ma porte.

Avant qu'elle eût achevé cette phrase, le voyageur était parti, et laissant son hôtesse se donner mille mouvemens pour accomplir ses ordres, il sortit de la maison avec l'empressement qu'il mettait toujours à exécuter tout nouveau projet qui lui passait par la tète, pour aller faire connaissance avec le ministre de Saint-Ronan.

Pendant qu'il descend la rue qui conduit à la manse, nous allons présenter à nos lecteurs ce nouveau personnage de notre histoire.

Le révérend Josiah Cargill était fils d'un petit fermier du sud de l'Écosse, et la faiblesse de sa constitution, jointe aux dispositions pour l'étude qui accompagnent ordinairement une santé peu robuste, détermina ses parens à faire tous les sacrifices nécessaires pour lui donner une éducation qui le mit en état d'entrer dans l'Église. Ils se soumirent d'autant plus volontiers aux privations auxquelles les obligèrent les dépenses de ses études, qu'ils pensaient, d'après les traditions de leur famille, qu'il avait dans ses veines quelques gouttes du sang qui coulait dans celles de ce célèbre Boanerges du Covenant, Donald Cargill, qui avait été massacré par les persécuteurs dans la ville de Queensbury, sous le règne malheureux de Charles II, uniquement parce que, dans la plénitude de ses pouvoirs sacerdotaux, il avait rejeté du sein de l'Église et livré à Satan, par une excommunication formelle, le roi, la famille royale, avec tous les ministres et tous les courtisans (1).

Mais si Josiah descendait réellement de cet indomptable champion, le feu de l'esprit de famille dont il aurait pu hériter était tempéré par la douceur de son naturel, et par le calme des temps dans lesquels il avait le bonheur de vivre. Tous ceux qui le connaissaient en parlaient comme d'un homme doux, tranquille, studieux, ne songeant qu'à s'instruire, et qui, tout en s'occupant de ce qui paraissait le seul objet de sa vie, le désir d'acquérir des connaissances, et surtout celles qui avaient rapport à sa profession, avait l'indulgence la plus complète pour tous ceux dont les goûts étaient différens des siens.

Ses seuls plaisirs étaient ceux d'un caractère paisible et réfléchi. Ils se bornaient à une promenade, presque toujours solitaire, dans les bois et sur les rochers, à la louange desquels il se rendait quelquefois coupable d'un sonnet, plutôt pour céder à l'inspiration du moment, que pour courtiser la renommée et les récompenses qui attendent les poètes. Mais, bien loin de chercher à *insinuer* ses pièces fugitives dans les journaux et dans les revues littéraires, il rougissait de ses essais poétiques, même quand il était seul, et il était rare qu'il poussât la complaisance pour sa veine jusqu'à confier ses inspirations au papier.

Avec un caractère si modeste, il cachait encore un véritable talent que la nature lui avait donné pour le

---

(1) Voyez, dans cette édition, la continuation de *l'Histoire d'Écosse* racontée par un grand-père à son petit-fils, tome III, page 174. — Éd.

dessin, quoiqu'il eût reçu des complimens sur quelques-unes de ses esquisses aperçues par des personnes dont le jugement en ce genre était généralement reconnu. C'était pourtant ce talent négligé qui, comme les pieds agiles du cerf de la fable, devait lui rendre un service qu'il aurait peut-être vainement attendu de son mérite et de son savoir.

Lord Bidmore, connaisseur distingué, cherchait un gouverneur pour son fils, l'honorable Auguste Bidmore. Il avait consulté à ce sujet le professeur de théologie, qui fit passer en revue devant lui plusieurs étudians qu'il favorisait, et auxquels il croyait toutes les qualités nécessaires pour remplir cette place. Mais, quand lord Bidmore lui adressa la question importante et fort inattendue : — Le candidat sait-il dessiner? — le professeur fut obligé de répondre négativement. A la vérité, il ajouta qu'il ne croyait pas que ce talent fût bien nécessaire à un étudiant en théologie, et qu'on ne devait guère espérer qu'aucun de ceux qu'il lui présenterait le possédât. Mais, pressé par lord Bidmore, qui faisait de cette condition un *sine quâ non*, il se souvint enfin d'un jeune homme qui suivait son cours, si timide qu'à peine pouvait-on entendre ses réponses aux questions du professeur; mais qui avait, disait-on, beaucoup de goût pour le dessin. Lord Bidmore, ayant vu quelques esquisses du jeune Cargill, fut convaincu que sous un tel gouverneur son fils ne pouvait manquer de soutenir dignement la réputation héréditaire de virtuose, que son père et son aïeul avaient acquise aux dépens d'un beau domaine dont la valeur était représentée par des toiles encadrées suspendues dans la grande galerie de Bidmore-House.

5.

Ayant pris ensuite les renseignemens d'usage sur le jeune homme qu'il destinait pour gouverneur à son fils, lord Bidmore reconnut qu'il réunissait toutes les qualités morales et scientifiques qu'il pouvait désirer, peut-être même à un degré plus éminent qu'il ne l'aurait exigé ; et, à la grande surprise de tous ses compagnons, mais surtout à la sienne, Josiah Cargill fut nommé à la place désirée et désirable de gouverneur de l'honorable Auguste Bidmore.

M. Cargill remplit son devoir avec autant de zèle que d'intégrité. Son élève était un enfant gâté, d'un bon caractère, d'une santé faible, et n'ayant que des dispositions fort ordinaires. Son maître ne put faire passer en lui la moindre idée de ce noble enthousiasme qui caractérise le génie ; mais Auguste fit dans toutes ses études autant de progrès qu'on pouvait en attendre de sa capacité. Il comprenait passablement les langues savantes, et pouvait parler des auteurs qu'il avait lus, de manière à prouver que cette lecture n'avait pas été sans fruit pour lui. Il savait arranger et classer des coquilles, des mousses et des minéraux. Il dessinait sans goût, mais avec exactitude. En un mot, sans être supérieur dans aucune branche de ses études littéraires ou scientifiques, il était assez avancé dans chacune pour y trouver une ressource contre l'ennui, et pour défendre contre les tentations une tête qui n'eût pas été assez forte pour y résister.

Miss Augusta Bidmore, fille unique du lord, recevait aussi des leçons du gouverneur de son frère, dans les sciences que son père désirait qu'elle apprît, et que Cargill était en état de lui enseigner. Mais ses progrès étaient aussi différens de ceux de son frère, que le feu du ciel l'est de cet élément grossier qui dort dans la tourbe accumulée au foyer du paysan. Ses connaissances dans la littérature italienne et espagnole, et dans l'histoire ancienne et moderne, et ses talens dans le dessin et dans toutes les sciences qui peuvent convenir à une femme, enchantaient son jeune maître, et l'engageaient à redoubler lui-même d'application, de crainte, de se trouver devancé par son élève.

Mais hélas! la liaison intime que nécessitaient ces leçons exposait les deux jeunes gens à bien des dangers qui prennent leur source dans les sentimens les plus doux comme les plus naturels du cœur humain; et il arriva dans ce cas, comme dans beaucoup d'autres, qu'elle fut fatale à la paix du gouverneur. Tout cœur sensible excusera une faiblesse qui, comme nous allons le voir, portait avec elle son châtiment, et son châtiment sévère. Cadenus nous assure, le croira qui voudra, que, dans une liaison aussi dangereuse, il sut se maintenir dans des bornes qu'outrepassa malheureusement l'infortunée Vanessa, sa plus tendre élève.

> Le plaisir innocent dont il était ému,
> En voyant Vanessa l'écouter attentive,
> Était celui d'un maître heureux quand il captive
> Par ses doctes leçons un enfant ingénu (1).

Mais Joseph Cargill fut moins heureux ou moins prudent. Sa belle élève lui était devenue chère à un point inexprimable, avant qu'il découvrît le précipice vers

---

(1) *Cadenus et Vanessa*, histoire des amours de Swift, rimée par lui-même sous ces noms supposés. Vanessa était l'infortunée miss Vanhorigh. Voyez la *Vie de Swift*, par sir Walter Scott.

Éd.

lequel il s'avançait en suivant l'impulsion d'une passion aveugle et sans espoir. Il est vrai qu'il était incapable de profiter des occasions que lui offraient ses fonctions pour entraîner miss Augusta dans le piège où il était tombé lui-même. L'honneur et la reconnaissance s'unissaient pour lui interdire une telle conduite, quand même elle n'eût pas été incompatible avec son caractère pur, simple et timide. Soupirer et souffrir en silence, former la résolution de fuir une situation si dangereuse, et retarder de jour en jour l'exécution de cette détermination prudente, voilà tout ce qu'il se sentait en état de faire; et il est assez probable que la vénération avec laquelle il regardait la fille de son protecteur, et l'impossibilité où il se trouvait de nourrir de la moindre espérance la passion qu'elle lui inspirait, contribuèrent à rendre sa tendresse encore plus pure et plus désintéressée.

Enfin la conduite que la raison lui prescrivait depuis long-temps devint une nécessité. Auguste allait partir pour voyager pendant un an en pays étranger, et lord Bidmore offrit à Cargill d'accompagner son fils, ou de recevoir une récompense des soins qu'il avait pris de son éducation. Son choix entre ces deux propositions ne pouvait être douteux. En restant avec le jeune Bidmore, il lui semblait qu'il n'était pas entièrement séparé de sa sœur. Il était sûr d'avoir souvent des nouvelles d'Augusta, et de pouvoir lire au moins quelques lignes des lettres qu'elle écrirait à son frère; il pouvait même espérer qu'il y trouverait quelques mots de souvenir pour son bon ami, son ancien maître; et son caractère tranquille, contemplatif, et cependant un peu enthousiaste, voyait dans cette perspective une source secrète de plaisir, la seule qui lui restait dans cette vie. Mais le destin lui réservait un coup qu'il n'avait pas prévu. La chance qu'Augusta s'engagerait dans les liens du mariage, quelque probable que son rang, sa beauté et sa fortune rendissent cet événement, ne s'était jamais présentée à son imagination ; et, quoiqu'il se fût fortement pénétré de l'idée qu'elle ne pouvait jamais être à lui, la nouvelle qu'elle appartenait à un autre n'en produisit pas moins sur lui un effet terrible.

Les lettres d'Auguste à son père lui annoncèrent d'abord que le pauvre M. Cargill venait d'être attaqué d'une fièvre nerveuse, et ensuite que sa convalescence était accompagnée d'une telle débilité de corps et d'esprit, qu'il lui était impossible de l'accompagner plus long-temps dans ses voyages. Le gouverneur et l'élève se séparèrent peu de temps après, et Cargill retourna seul dans son pays, se livrant, chemin faisant, à cette mélancolie rêveuse qui avait succédé à sa maladie, et qui devint ensuite son caractère distinctif. Ses méditations ne furent même troublées par aucune inquiétude sur ses moyens de subsistance future, quoique la fin de ses fonctions semblât les rendre assez précaires. Lord Bidmore y avait généreusement pourvu ; car, malgré le ridicule qu'on pouvait attacher à sa manie pour les beaux-arts, c'était, sous tout autre rapport, un homme juste et plein d'honneur, qui se faisait gloire d'avoir tiré de l'obscurité les talens de Cargill, et qui était plein de gratitude pour la manière dont il avait rempli ses fonctions auprès de ses enfans.

Lord Bidmore avait acheté secrètement de la famille Mowbray le droit de présentation à la place du ministre de la paroisse de Saint-Ronan, alors occupée par un vieillard infirme, qui mourut presque à l'instant de l'arrivée de Cargill en Angleterre, de sorte que celui-ci fut nommé sur-le-champ au bénéfice vacant. Il reçut pourtant la nouvelle de cet avancement avec tant d'indifférence, que peut-être n'aurait-il pas pris la peine de faire les démarches nécessaires pour obtenir son ordination, s'il n'y eût été déterminé par sa tendresse pour sa mère, qui était devenue veuve, et à qui il ne restait d'autres moyens d'existence que les secours qu'elle recevait de son fils. Il se rendit dans l'humble retraite qu'elle occupait dans un faubourg de Marchtorn, l'entendit remercier le ciel de l'avoir laissée vivre assez long-temps pour voir son fils nommé à une place qui, à ses yeux, était plus honorable et plus désirable qu'un siège épiscopal; il l'entendit vanter la vie qu'ils mèneraient ensemble dans l'état de médiocrité indépendante qu'il avait plu à la Providence de lui assurer; et il n'eut pas le courage de renverser les espérances et de détruire la joie de sa mère, pour se livrer exclusivement à ses sentimens un peu romanesques. Il passa presque machinalement par toutes les formes d'usage, et fut enfin régulièrement installé dans la place de ministre de Saint-Ronan.

Quoique doué d'une imagination romanesque, il n'était pas dans le caractère de Cargill de s'abandonner continuellement à une mélancolie inutile. Il chercha des consolations, non en voyant le monde, mais dans la solitude et l'étude. Sa réclusion fut d'autant plus complète, que sa mère, dont l'éducation n'avait pas été plus brillante que la fortune, se sentait mal à l'aise dans sa nouvelle dignité. Partageant donc le dégoût que son fils montrait pour la société, elle passait tout son temps à surveiller l'intérieur du ménage, épargnant à son fils tous les embarras qui auraient pu le distraire de ses livres.

Lorsque l'âge la mit hors d'état de continuer tous ces soins avec la même activité, elle commença à voir avec regret que son fils était incapable de se mêler des détails de sa maison, et elle lui dit quelques mots de mariage; mais Cargill n'y répondit jamais que d'une manière évasive; et, lorsque cette bonne mère reposa dans le cimetière du village, à un âge assez avancé, il ne se trouva plus personne pour conduire la maison du ministre. Josiah Cargill ne s'en mit nullement en peine, et il se soumit avec patience à tous les maux auxquels un garçon est exposé, et qui pour lui égalaient au moins ceux qui assiégèrent le célèbre Mago-Pico pendant son état de célibat. Son beurre était mal battu, et tout le monde, excepté lui et celle qui le faisait, déclarait qu'il n'était pas mangeable; le lait qu'on lui servait pour son déjeuner sentait le brûlé; on volait son fruit et ses légumes dans son jardin, et ses bas noirs étaient raccommodés avec du fil tantôt bleu, tantôt blanc.

Tous ces inconvéniens n'étaient rien pour notre ministre, car son esprit était occupé d'objets bien différens. Que nos belles lectrices n'aillent pas juger Josiah trop avantageusement en supposant que, comme le Beau Ténébreux dans le désert (1), il resta pendant de longues années la victime d'une passion malheureuse. Non, il le faut dire à la honte du sexe masculin, il n'est pas de passion sans espoir, quelque ardente, quel-

---

(1) Amadis, si plaisamment imité dans ses extravagances d'amour par le chevalier de la Manche. — Éd.

que sincère qu'elle soit, qui puisse toujours remplir la vie d'amertume. Il faut qu'il y ait de l'espérance, de l'incertitude, une réciprocité de sentimens pour que le tyran de nos cœurs puisse s'assurer un empire de très-longue durée sur un esprit ferme et sain, qui a la volonté de recouvrer sa liberté. Le souvenir d'Augusta ne se retraçait plus depuis bien long-temps à l'imagination de Cargill que sous des couleurs moins vives; il n'y pensait plus que comme on se rappelle un songe agréable qui laisse pourtant quelques idées mélancoliques, et il ne s'occupait qu'à courtiser une autre maîtresse encore plus noble, encore plus difficile à obtenir, la Science.

Tous les instans qu'il ne devait pas à ses devoirs religieux, dont il s'acquittait avec un zèle qui faisait honneur à son cœur et à son esprit, il les employait à l'étude et les passait au milieu de ses livres. Mais cette ardeur pour la science, quoique honorable et intéressante en elle-même, était portée chez lui à un tel excès, qu'il en devenait moins respectable et même moins utile. Il oubliait, en se livrant à des recherches savantes et profondes, que la société a ses droits, et que les connaissances qu'on cache sous un boisseau sont perdues pour elle, comme le trésor de l'avare, quand celui qui les possède vient à mourir, et ne sont par conséquent qu'un don stérile. Ses études avaient en outre ce désavantage particulier, que, comme il ne s'y livrait que pour satisfaire une soif mal dirigée de connaissances, elles avaient pour but des objets plus curieux qu'utiles, et que tout en servant à son amusement personnel, elles ne promettaient que peu d'utilité au genre humain en général.

Égaré dans des recherches abstraites, métaphysiques et historiques, et ne vivant que pour lui-même et ses livres, M. Cargill contracta plusieurs de ces habitudes bizarres qui exposent l'homme studieux et solitaire au ridicule du monde, et qui éclipsaient, sans pourtant la faire entièrement disparaître, la civilité naturelle d'un caractère aimable, et presque tout le savoir-vivre qu'il avait acquis dans la bonne société chez lord Bidmore. Non-seulement il portait à l'excès la négligence de ses vêtemens et toutes ces manières ridicules auxquelles deviennent souvent sujets ceux qui vivent dans la solitude, mais il devint surtout l'homme probablement le plus distrait d'une profession où ce caractère est assez commun. Personne ne commettait plus de méprises que lui relativement aux individus auxquels il parlait. Souvent il lui arrivait de demander à une vieille fille des nouvelles de son mari; à une femme sans enfans, comment se portaient son fils et sa fille; à l'homme qui pleurait encore une épouse que le digne ministre avait enterrée lui-même quinze jours auparavant, si sa femme jouissait toujours d'une bonne santé. Il reconnaissait des étrangers qu'il n'avait jamais vus, et traitait en étrangers ceux qui avaient droit de prétendre être bien connus de lui. Sexe, âge, profession, il confondait tout à chaque instant; et on le vit plus d'une fois, quand un mendiant lui tendait la main pour lui demander la charité, la lui serrer avec affection, lui ôter son chapeau, le saluer, et lui répondre qu'il espérait que *Son Honneur se portait bien.*

Parmi ses confrères, M. Cargill obtenait le respect par la profondeur de son érudition, et faisait rire à ses dépens par ses singularités. En ce dernier cas, il prenait le parti de se retirer tout à coup pour se soustraire au ridicule; car, malgré sa douceur habituelle, la solitude dans laquelle il vivait constamment l'avait rendu un peu irritable; il n'aimait pas la contradiction, et la critique dont il était l'objet lui était plus sensible qu'on n'aurait pu le croire d'après la sensibilité de son caractère.

Quant à ses paroissiens, ils ne se refusaient pas, comme on peut bien le supposer, le plaisir de rire aux dépens de leur pasteur; et, comme mistress Dods l'avait donné à entendre à M. Touchwood, ils étaient souvent plus étonnés qu'édifiés de sa science, car, en débitant ses sermons, il lui arrivait souvent d'oublier qu'il s'adressait à une assemblée de gens ignares et non lettrés, et qu'il ne prononçait pas un discours *ad clerum*, méprise qu'il commettait non par l'amour-propre que pouvait lui inspirer son savoir, non par envie d'en faire étalage; mais c'était une conséquence de ce même esprit de distraction qui fit qu'un prédicateur, prêchant à des condamnés le jour même de leur supplice, s'arrêta au milieu de son discours, en leur en promettant la suite pour le lendemain.

Cependant il n'existait personne dans les environs qui ne rendît justice à M. Cargill sur le zèle vraiment religieux avec lequel il remplissait les devoirs de son état. Les plus pauvres de ses paroissiens lui pardonnaient ses bizarreries en faveur de sa charité sans bornes; et, si les plus riches tournaient en ridicule quelques-unes de ses distractions, ils n'oubliaient pas que, s'il ne sollicitait pas une augmentation de revenu, comme l'avaient fait tous les ministres qui l'entouraient, s'il n'exigeait pas un nouveau presbytère ou la réparation de celui qu'il habitait, c'était à ces mêmes distractions qu'ils en étaient redevables. Il est vrai qu'il demanda une fois qu'on recouvrit le toit du bâtiment qui contenait sa bibliothèque, attendu que la pluie y pénétrait presque sans rencontrer aucun obstacle; mais, ne recevant aucune réponse de notre ami Micklewham, à qui cette réclamation ne plaisait guère, et qui ne voyait aucun moyen de l'éluder, il prit le parti de faire réparer la toiture à ses frais, et ne donna plus à la paroisse aucun embarras à cet égard.

Tel était le digne ministre dont le bon vivant logé chez mistress Dods espérait se concilier l'amitié par un bon dîner et d'excellent vin : moyen qui réussit très-souvent, mais qui ne paraissait pas devoir être très-efficace en cette occasion.

CHAPITRE XVII.

LA CONNAISSANCE.

> « Entre nous deux telle est la différence :
> » De votre tête empruntant l'assistance,
> » Vous avez lu ce que j'ai vu ;
> « Moi, dans mes pieds mettant ma confiance,
> » J'ai vu ce que vous avez lu :
> » Lequel de nous emporte la balance ? »
>
> BUTLER.

Notre voyageur, aussi rapide dans ses mouvemens que dans ses résolutions, parcourut la rue à grands pas, et arriva bientôt à la manse, qui, si elle ne tombait pas en ruines, était du moins dans un état complet de dégradation, comme nous l'avons déjà dit. Le manque total d'ordre qu'on y remarquait aurait suffi pour faire croire que cette maison était inhabitée, si l'on n'eût vu près de la porte deux ou trois baquets à lessive, pleins d'eau de savon, qui y avaient sans doute été laissés pour donner une preuve sensible à ceux qui s'y heurteraient les jambes, que la main de la femme avait été à l'œuvre en cet endroit.

Les gonds de la porte ayant été brisés, l'entrée de la maison était défendue par une vieille herse qu'il fallait déplacer pour obtenir passage. Le petit jardin, qui eût pu donner quelque agrément même à une vieille maison, s'il eût été bien tenu, ne servait qu'à attester la négligence du jardinier ou domestique du ministre, qualité qui signifie toujours un homme qui ne fait que la moitié de sa besogne; mais on pouvait dire que celui-ci ne faisait absolument rien. Cependant M. Touchwood l'aperçut au milieu des orties et des chardons, passant son temps à manger le peu de fruits qu'on voyait sur des groseillers rongés de mousse. Il l'appela à haute voix en demandant à parler à son maître; mais le drôle, sentant qu'il avait été pris en flagrant délit, pour nous servir d'un terme de jurisprudence, bien loin de répondre à l'appel, s'enfuit comme un coupable, et on l'entendit bientôt siffler en conduisant de l'autre côté une charrette qu'il avait laissée près d'une brèche de la muraille du jardin.

N'ayant pu réussir à faire venir le domestique, M. Touchwood frappa avec sa canne, d'abord doucement, ensuite plus fort; puis il appela, cria, hurla dans l'espoir d'attirer l'attention de quelqu'un des habitans de cette maison; mais il ne reçut aucune réponse. Enfin, croyant qu'on ne pouvait le blâmer de se frayer lui-même une entrée dans une demeure qui paraissait tellement abandonnée, il écarta la herse qui tenait lieu de porte, en ayant soin de faire assez de bruit pour qu'on pût l'entendre, s'il y avait une créature vivante dans la maison. Le même silence continuant à régner, il entra, traversa un vestibule dont le pavé brisé et les murs humides étaient en harmonie parfaite avec tout l'extérieur de cette habitation; et, découvrant à sa gauche une porte qui, chose étonnante, avait encore un loquet, il l'ouvrit, et se trouva en présence de l'individu qu'il venait voir.

Au milieu des montagnes de livres, de manuscrits et de papiers accumulés autour de lui, était assis dans un fauteuil couvert en cuir complètement usé, le docteur ministre de Saint-Ronan. C'était un homme au teint brun, maigre, déjà dans l'automne de la vie, dont les yeux, quoique ternes et presque égarés, paraissaient avoir été autrefois brillans, doux et expressifs. Ses traits étaient intéressans, d'autant plus que, malgré la négligence qu'il mettait à son costume, il était dans l'habitude de faire ses ablutions avec autant de régularité qu'un musulman; car il avait oublié la recherche, mais non la propreté. Ses cheveux auraient paru plus en désordre si le temps ne les eût éclaircis; il ne lui en restait guère que derrière la tête et sur les tempes. Sa profession était indiquée par des bas noirs, que nulle jarretière n'assujettissait, et ses pieds étaient placés dans de vieux souliers qui lui servaient de pantoufles. Le reste de ses vêtemens, ou ce qui en était visible, consistait en une grande robe de chambre en tartan, qui enveloppait de ses plis son grand corps sec, maigre et courbé, et qui lui descendait jusqu'aux talons. Il était tellement occupé de la lecture qu'il faisait dans un énorme in-folio, qu'il ne s'aperçut pas de l'arrivée d'un étranger, et n'entendit ni le bruit que M. Touchwood affecta de faire en entrant, ni les hem! hem! par lesquels il tâcha d'annoncer sa présence.

Ces signaux inarticulés ayant donc été inutiles, M. Touchwood, quoique ennemi de tout cérémonial, se vit dans la nécessité de parler du motif qui l'amenait, pour justifier son intrusion.

— Hem! monsieur, hem! vous voyez devant vous un homme qui éprouve quelque besoin, le besoin de société, monsieur, et qui a pris la liberté de venir vous voir comme un bon pasteur dans l'espoir que vous voudrez bien, par charité chrétienne, le soulager de l'ennui qu'il éprouve, en lui permettant de jouir un peu de votre compagnie.

Besoin et charité furent à peu près les seuls mots de ce discours qui frappèrent les oreilles et attirèrent l'attention du bon ministre. Il était accoutumé à les entendre, et ils ne manquaient jamais de produire de l'effet sur lui. Il regarda l'inconnu d'un air distrait, et, sans changer l'opinion qu'il s'en était formée, quoique l'extérieur et la mise de M. Touchwood, son embonpoint, son habit propre, sa canne à pomme d'or, et surtout sa taille droite et son air satisfait de lui-même lui donnassent une tournure toute différente de celle d'un mendiant, il lui glissa tranquillement un shilling dans la main, et reprit la lecture qu'il avait interrompue un instant.

— Mon bon monsieur, lui dit Touchwood, surpris d'une distraction poussée si loin, sur ma parole, vous vous méprenez totalement sur le motif de ma visite.

— Je suis fâché que ma petite offrande soit insuffisante, répondit le ministre sans lever les yeux; c'est tout ce que j'ai à donner à présent.

— Si vous voulez avoir la bonté de me regarder un instant, monsieur, dit le voyageur, vous reconnaîtrez probablement que vous êtes dans une grande erreur.

M. Cargill leva la tête, s'arma de toute son attention, et, voyant qu'il avait devant les yeux un homme bien mis et d'un air respectable, il s'écria avec quelque confusion : — Ah! oui, sur ma parole, j'étais tellement enfoncé dans ma lecture... je pense... je crois que j'ai le plaisir de voir mon digne ami, M. Lavender.

— Point du tout, M. Cargill, répondit Touchwood. Mais ne vous donnez pas la peine de chercher à me reconnaître, car vous ne m'avez jamais vu. Que je ne vous dérange pas de vos études; je ne suis nullement pressé, et je puis attendre votre loisir.

— Je vous remercie, monsieur, dit le ministre. Ayez la bonté de prendre une chaise, si vous pouvez en trouver une. J'ai un enchaînement d'idées à retrouver, un petit calcul à finir, et ensuite je suis à vos ordres.

Parmi les meubles délabrés qui garnissaient cette chambre, M. Touchwood trouva, non sans quelque difficulté, un chaise dont les pieds étaient encore assez solides pour supporter le poids de son corps, et il s'assit, le menton appuyé sur sa canne et les yeux fixés sur le ministre, qui ne tarda pas à oublier complètement qu'il avait devant lui un étranger. Une longue pause s'ensuivit, et le silence n'était interrompu que par le bruit que faisaient les feuilles de l'in-folio quand M. Cargill les tournait, et que par quelques exclamations que l'impatience lui arrachait quand, voulant prendre de l'encre pour écrire quelque note, il plongeait sa plume dans sa tabatière, au lieu de la tremper dans l'encrier.

Enfin, à l'instant où M. Touchwood commençait à trouver cette scène aussi ennuyeuse qu'elle était singulière, le ministre leva la tête, et dit en se parlant à lui-même : — D'Acon, Accor ou Saint-Jean-d'Acre, à Jérusalem, quelle est la distance?

— Vingt-trois milles nord-nord-ouest, répondit Touchwood sans hésiter.

M. Cargill ne montra pas plus de surprise que s'il avait trouvé cette distance sur la carte, et probablement il ne fit aucune attention à la manière dont il avait obtenu une réponse à sa question; ce fut à la réponse qu'il s'attacha, et il répondit en frappant de la main son gros volume : — Vingt-trois milles! ce n'est pas ce que prétendent Ingulphus et Jeffrey Winesauf.

— Eh bien, qu'ils aillent tous deux au diable comme des menteurs qu'ils sont, répliqua le voyageur.

— Vous auriez pu contredire leur autorité sans employer une telle expression, dit le ministre d'un air grave.

— Pardon, docteur, répondit M. Touchwood; mais voudriez-vous comparer le témoignage de ces vieux parchemins avec ce que vous dit un homme comme moi, à qui ses jambes ont servi de compas dans les voyages qu'il a faits dans presque toutes les parties habitées du globe terrestre.

— Vous avez donc été en Palestine? lui demanda M. Cargill en se redressant sur son fauteuil, et en prenant un ton d'intérêt et de curiosité.

— Vous pouvez en faire serment, docteur, répondit le voyageur; et à Saint-Jean-d'Acre aussi. J'y étais précisément un mois après que Buonaparte eut trouvé que c'était une noix trop dure pour pouvoir la casser. J'y ai dîné avec le compère de sir Sidney-Smith, Djezzar-Pacha, et j'aurais trouvé le dîner excellent s'il n'avait été suivi par un dessert de nez et d'oreilles qui troubla ma digestion. Le vieux Djezzar trouvait cette plaisanterie si bonne, qu'à peine rencontrait-on à Acre un seul homme dont la figure ne fût aussi plate que la paume de la main. Morbleu! je tiens beaucoup à mes organes olfactifs, aussi je partis le lendemain matin d'aussi bon train que put courir le plus léger maudit dromadaire qu'un pauvre pèlerin ait jamais monté.

— Si vous avez réellement été dans la Terre-Sainte, monsieur, dit le ministre, à qui le ton léger de M. Touchwood inspirait quelques soupçons, vous serez probablement en état de me donner quelques renseignemens sur les croisades.

— Ces affaires-là ne se sont point passées de mon temps, docteur.

— Mais vous devez comprendre que ma curiosité n'a d'autre objet que la géographie des lieux où les événemens se sont passés.

— Quant à cela, docteur, vous êtes sur vos pieds; et pour tout ce qui a rapport au temps présent, je suis votre homme. Turcs, Arabes, Cophtes, Druses, je les connais tous, et je puis vous les faire connaître comme moi-même. Sans faire un pas hors de chez vous, vous connaîtrez la Syrie aussi bien que moi. Mais un service en vaut un autre, et pour que je réponde à vos questions, il faut que vous ayez la bonté de venir dîner avec moi.

— Il est bien rare que je sorte, monsieur, répondit

le ministre ; — car les espérances que faisaient naître en lui les discours du voyageur avaient peine à triompher de l'habitude qu'il s'était faite de la retraite et de la solitude. — Cependant je ne puis me refuser le plaisir de la compagnie d'un homme qui me paraît avoir acquis tant d'expérience.

— Eh bien donc, je vous attends à quatre heures. Je ne dîne jamais plus tard, et toujours à la minute. Je loge à l'auberge du village, en remontant la rue, chez mistress Dods, qui s'occupe en ce moment à nous préparer un dîner tel que toute votre science en a rarement vu, docteur ; car j'ai rapporté les recettes pour le faire des quatre parties du monde.

Ils se séparèrent après avoir conclu ce traité, et M. Cargill, après avoir réfléchi quelques instans sur le singulier hasard qui lui envoyait un homme vivant pour résoudre les difficultés sur lesquelles il avait inutilement consulté toutes les autorités anciennes, reprit peu à peu la chaîne des idées et des recherches que M. Touchwood avait interrompue, et il ne tarda pas à perdre complètement le souvenir de la visite qu'il avait reçue et de l'engagement qu'il avait pris.

Il n'en était pas de même de M. Touchwood, qui, lorsque rien d'essentiel ne l'occupait, avait l'art, comme nos lecteurs peuvent l'avoir remarqué, de faire d'un rien une affaire d'importance. En cette occasion, il ne faisait qu'aller dans la cuisine de mistress Dods, en sortir, y retourner, de sorte qu'à la fin l'hôtesse, perdant patience, le menaça d'attacher un torchon au pan de son habit : menace qu'il excusa, attendu, dit-il, que dans tous les pays qu'il avait parcourus, et qui étaient assez civilisés pour qu'il s'y trouvât des cuisiniers, ces artistes avaient le privilège d'être aussi vifs que l'élément devant lequel ils travaillent. Il se retira donc de la zone torride du microcosme de mistress Dods, et employa son temps à la manière ordinaire des oisifs, partie en se promenant pour gagner de l'appétit, partie en consultant sa montre pour voir les progrès que l'aiguille faisait vers quatre heures, quand elle en eut une fois heureusement marqué deux. Il fit mettre une table avec deux couverts dans la chambre Bleue, et veilla lui-même à ce que rien de ce qui pouvait être nécessaire ne fût oublié. Et cependant un regard poli, mais malin, de l'hôtesse du *Croc*, semblait annoncer un doute que le ministre arrivât, malgré tous ces préparatifs.

M. Touchwood ne paya que de mépris une telle insinuation, et attendit patiemment l'heure convenue. Elle arriva, mais M. Cargill n'arriva point. Malgré son impatience, Touchwood accorda cinq minutes pour la différence des montres et la variation du temps, et cinq autres pour le délai qui pouvait résulter du peu d'habitude qu'avait le ministre de voir le monde. Mais, dès que ces dernières minutes furent écoulées, il partit pour la manse, non pas tout-à-fait avec la légèreté d'un daim ou d'un lévrier, mais avec l'empressement que peut montrer un homme d'un certain âge, chargé de quelque embonpoint, ayant bon appétit, et qui attend son dîner avec impatience. Pour cette fois il entra sans cérémonie, et trouva le digne ministre dans sa bibliothèque, encore en robe de chambre, assis dans son grand fauteuil, précisément comme il l'avait laissé cinq heures auparavant.

Son arrivée soudaine fit renaître dans l'esprit du ministre le souvenir fort confus de ce qui s'était passé

LA CONNAISSANCE. 73

dans la matinée, et il s'empressa de s'excuser en s'écriant : — Ah ! c'est vous ! déjà ! sur ma parole, M. A... A... je veux dire mon cher ami, je crains d'avoir mal agi à votre égard, j'ai oublié d'ordonner le dîner ; mais nous ferons de notre mieux. Eppie ! Eppie ! Eppie !

Eppie ne répondit ni au premier, ni au second, ni au troisième appel, et elle ne se montra que *post intervallum*, comme le disent les hommes de loi. C'était une fille à jambes nues, à gros bras rouges, à figure rébarbative, et elle annonça son arrivée en demandant d'un ton aigre : — Eh bien, qu'est-ce que vous voulez ?

— Avez-vous quelque chose pour dîner dans la maison, Eppie ?

— Du pain et du lait, et il n'en manque pas. Que voulez-vous que j'aie ?

— Vous voyez, monsieur, dit Cargill, que vous êtes condamné à une diète pythagoricienne. Mais vous êtes voyageur, et vous vous êtes sans doute contenté plus d'une fois de pain et de lait.

— Oui ; mais jamais quand je pouvais me procurer quelque chose de meilleur. Je vous demande pardon, docteur, mais il me semble que vous avez perdu la mémoire ; ce n'est pas vous qui m'avez invité à dîner, c'est moi qui vous ai prié de venir me tenir compagnie à l'auberge.

— Oui, oui, c'est la vérité ; je savais bien que je ne me trompais pas. Je me rappelais parfaitement qu'il existait un engagement entre nous pour dîner ; j'en étais sûr, et c'est là le point principal. Allons, monsieur, je vous suis.

— N'allez-vous pas changer de costume ? lui demanda M. Touchwood, voyant avec surprise que le ministre se disposait à le suivre en robe de chambre. Nous attrouperons tous les enfans autour de nous; vous aurez l'air d'un hibou qui se montre en plein jour, et ils courront après vous comme des moineaux francs.

— Je vais passer mon habit, monsieur, c'est l'affaire d'un instant. Mais je suis réellement honteux de vous faire attendre ainsi, mon cher M... M... votre nom m'a échappé.

— Touchwood, monsieur, à votre service; mais je crois que vous ne l'aviez jamais entendu.

— Vous avez raison, c'est la vérité. Eh bien, mon cher M. *Touchstone*, voulez-vous avoir la bonté de vous asseoir un instant jusqu'à ce que je sois habillé? Il est bien étrange que nous nous rendions ainsi esclaves de notre corps, M. *Touchstone!* Combien de temps nous fait perdre la vanité des habillemens, quand nous pourrions l'employer bien plus utilement pour fournir aux besoins de notre esprit immortel!

M. Touchwood pensa tout bas que jamais bramine ni gymnosophiste n'avait eu moins de raison pour se reprocher de donner trop de temps à la table ou à la toilette que le sage qu'il avait devant les yeux; mais il accorda un assentiment tacite à une doctrine qu'il regardait comme hérétique, plutôt que de prolonger la discussion dans un pareil moment.

Cependant, en très-peu de temps, le ministre eut mis ses habits des dimanches, sans autre méprise que d'avoir passé un de ses bas noirs à l'envers; et M. Touchwood, heureux comme le fut Boswell (1) quand il em-

---

(1) Anecdote racontée par Boswell, dans sa *Vie du docteur Samuel Johnson*. — Éd.

mena en triomphe le docteur Johnson dîner avec Strahan et John Wilkes, eut le plaisir de rentrer dans son auberge accompagné de M. Cargill.

Après le dîner il s'établit entre eux plus de familiarité, et cette familiarité les conduisit tous deux à porter un jugement sur les talens et les manières l'un de l'autre. Le voyageur trouva le savant trop pédant, trop attaché à des systèmes formés dans la solitude, et auxquels il ne voulait pas renoncer, même quand ils étaient démentis par la voix et les lumières de l'expérience. De plus, il regardait le peu d'attention qu'il donnait à ce qu'il mangeait et à ce qu'il buvait, comme indigne d'un être raisonnable, c'est-à-dire d'un homme qui a une cuisine, ou, suivant la définition de Johnson, d'un être qui regarde son dîner comme l'affaire la plus importante de sa journée. Cargill n'agissait pas d'après cette définition, et par conséquent il était à cet égard, aux yeux de sa nouvelle connaissance, ignorant et non civilisé. Cependant il le reconnaissait pour un homme sensé et intelligent, quoiqu'il fût sobre et qu'il eût la passion des livres.

D'une autre part, le ministre ne pouvait s'empêcher de regarder son nouvel ami comme une espèce d'épicurien qui se faisait un dieu de son ventre; et il ne remarquait pas en lui cette éducation distinguée, ces dehors polis, caractères distinctifs de l'homme bien né, et dont il était devenu juge compétent pendant le temps qu'il avait vécu dans le grand monde. De plus, il ne lui échappa point que dans la liste des défauts de M. Touchwood se trouvait celui de bien des voyageurs, une légère disposition à exagérer ses aventures et à faire sonner bien haut ses exploits. Mais aussi la connaissance parfaite qu'il avait acquise des mœurs orientales, mœurs qui sont aujourd'hui ce qu'elles étaient du temps des croisades, formait un commentaire vivant sur les œuvres de Guillaume de Tyr, de Raymond de Saint-Gilles, sur les Annales musulmanes d'Abulfarage, et sur d'autres historiens du moyen âge, dont la lecture occupait alors M. Cargill.

Une sorte d'amitié, ou du moins de liaison, se forma donc spontanément entre ces deux originaux, et au grand étonnement de toute la paroisse de Saint-Ronan, on vit le ministre contracter une sorte d'intimité avec un être de son espèce, et cet être était l'homme qu'on nommait communément le nabab du *Croc*. Ils faisaient ensemble de longues promenades sans parcourir pour cela plus de terrain que si on l'avait mesuré et entouré d'une barrière, comme l'arène destinée à leur exercice à pied. Ces promenades avaient lieu, suivant les circonstances, tantôt sur une petite terrasse située presque au bas du village ruiné, tantôt sur l'esplanade en face de l'ancien château; et dans l'un comme dans l'autre cas, le terrain n'avait pas plus de cinquante toises de longueur. Quelquefois aussi, mais assez rarement, le ministre venait partager le dîner de M. Touchwood, quoiqu'il fût moins splendide que le premier auquel il avait été invité; car, de même que le propriétaire orgueilleux de la coupe d'or dans l'Ermite de Parnell,

> Il était bien reçu, mais avec moins de frais.

Leurs entretiens en ces occasions n'étaient pas réguliers et suivis comme ceux qui ont lieu entre ce qu'on appelle ordinairement des hommes de ce monde. Au contraire, il arrivait souvent que l'un pensait à Saladin et à Richard Cœur-de-Lion, quand l'autre parlait d'Hyder-Ali et de sir Eyre Coote. Cependant l'un parlait, l'autre semblait écouter, et peut-être une légère liaison de société, qui n'a d'autre objet que l'amusement, ne peut-elle avoir une base plus solide.

Un soir que le docte ministre venait de s'asseoir à la table hospitalière de M. Touchwood, chez mistress Dods, pour y prendre une tasse de thé, seul objet de luxe qui parût exciter tant soit peu la sensualité de M. Cargill, une carte fut remise au nabab.

— M. et miss Mowbray recevront compagnie au château des Shaws, le 20 du courant, à deux heures ; — habits de caractères, tableaux dramatiques. —

— *Recevront compagnie!* Ils n'en sont que plus fous, dit le nabab en forme de commentaire. *Recevront compagnie!* Les phrases bien choisies sont toujours louables. Ainsi donc ce morceau de carton est pour vous donner avis que vous pouvez aller joindre tous les fous du village, si vous en aviez envie. De mon temps on demandait à avoir l'honneur ou le plaisir de la compagnie d'un étranger. Je suppose que nous allons avoir dans ce pays le même cérémonial que sous la tente d'un Bédouin, où tout *hadgi* en guenilles, avec son turban vert, arrive brusquement sans en demander permission, et enfonce sa patte noire dans le plat de riz, sans autre apologie que *Salâm Aleikoum.* — *Habits de caractères, tableaux dramatiques!* Quelle nouvelle folie est-ce là ? Mais qu'importe ! — Docteur ! — Docteur ! — Il est dans le septième ciel ! — La mère Dods, vous qui savez toutes les nouvelles, est-ce la fête qui a été retardée jusqu'à ce que miss Mowbray se trouvât mieux ?

— Oui vraiment, M. Touchwood. Ils ne sont pas dans l'habitude de donner deux fêtes dans une saison, ils ne sont peut-être pas même trop sages d'en donner une, mais c'est leur affaire.

— Docteur! Docteur! vous dis-je. — Diable! il est à charger les musulmans avec le brave roi Richard. — Ha! eh bien, Docteur, dites-moi, connaissez-vous quelque chose de ces Mowbrays?

— Rien de bien particulier, répondit M. Cargill après avoir laissé un intervalle entre cette question et sa réponse. C'est l'histoire ordinaire d'une grandeur qui brille dans un siècle et qui s'éclipse dans un autre. Je crois que Candem dit que Thomas Mowbray, qui fut grand maréchal d'Angleterre, succéda à cette place importante, aussi-bien qu'au duché de Norfolk, comme petit-fils de Roger Bigot, en 1301.

— Allons donc! voilà que vous vous enfoncez dans le quatorzième siècle! je vous parle de Mowbray de Saint-Ronan d'aujourd'hui. Eh bien! ne vous rendormez pas sans avoir répondu à ma question. Pourquoi avez-vous l'air égaré comme un lièvre pris au gîte? Y a-t-il dans ce que je vous dis quelque chose qui sente la haute trahison?

Le ministre garda encore un instant le silence. Il avait l'air d'un homme distrait qui cherche à retrouver le fil de ses idées, ou d'un somnambule qu'on vient d'éveiller subitement, et, quand il répondit, ce ne fut même qu'en hésitant.

— Mowbray de Saint-Ronan! Ah! eh! oui, je connais... c'est-à-dire, je connaissais cette famille.

— Ils vont donner un bal masqué, un bal paré, un spectacle de société, que sais-je?

En parlant ainsi, M. Touchwood montra au ministre la carte qu'il venait de recevoir.

— J'ai vu quelque chose de ce genre il y a environ quinze jours, dit M. Cargill ; je crois même avoir reçu une carte à peu près semblable ; j'en ai vu une, du moins.

— Et êtes-vous bien sûr que vous ne vous êtes pas rendu à cette invitation?

— Moi, moi, m'être rendu à cette invitation! Vous plaisantez, M. Touchwood.

— Affirmez-vous positivement que vous n'en avez rien fait? demanda M. Touchwood, qui s'était amusé bien des fois en remarquant que le savant ministre se méfiait tellement lui-même de ses distractions, qu'il n'était jamais parfaitement sûr de rien.

— Positivement? répéta M. Cargill avec un air d'embarras; ma mémoire est si mauvaise, que je n'aime guère à parler positivement. Cependant si j'avais fait une chose si contraire à mes habitudes, il me semble que je m'en souviendrais, et... oui, positivement, je n'en ai rien fait.

— Il est aisé de croire, Docteur, dit le nabab en riant du procédé qu'avait employé l'esprit de son ami pour éclaircir ses doutes, car la fête n'a pas eu lieu; elle a été ajournée, et voici la seconde invitation. Vous recevrez une carte, puisqu'on vous en avait envoyé une la première fois. Eh bien! Docteur, il faut que nous y allions ensemble, moi en iman, car je puis dire mon *bismillah* aussi bien qu'aucun hadgi; vous en cardinal, ou comme bon vous semblera.

— Qui? moi! cela ne conviendrait pas à ma profession, M. Touchwood. D'ailleurs rien n'est plus opposé à toutes mes habitudes.

— Tant mieux! vous en changerez.

— Vous feriez bien d'y aller, M. Cargill, dit Meg; tout aussi bien c'est peut-être la dernière fois que vous verrez miss Mowbray, car on dit qu'elle va se marier tout à l'heure avec un de ces coucous qui sont là-bas, autour de la mare, et partir avec lui pour l'Angleterre.

— Se marier! s'écria le ministre; cela est impossible.

— Et pourquoi impossible, M. Cargill? Ne voyez-vous pas des gens se marier tous les jours? Et n'est-ce pas vous-même qui faites le mariage, par-dessus le marché? Vous pensez peut-être à la mouche qui a piqué la pauvre fille. Je conviens que sa tête... Mais, s'il n'y avait que les gens sages qui se mariassent, M. Cargill, le monde ne serait guère peuplé. Je crois au contraire que ce sont les gens sages, comme vous et moi, qui ne se marient pas. Eh bien! Dieu me pardonne! qu'avez-vous donc M. Cargill? est-ce que vous vous trouvez mal? Voulez-vous prendre une goutte de quelque chose?

— Respirez mon essence de roses, dit M. Touchwood, c'est un parfum qui ressusciterait un mort; mais que veut dire cela, M. Cargill? Vous étiez parfaitement bien il n'y a qu'un instant.

— Une douleur subite, répondit le ministre; mais je me trouve déjà mieux.

— Voilà ce que c'est que de rester si souvent à jeun trop long-temps, dit mistress Dods.

— C'est cela même, ajouta M. Touchwood; et de se nourrir de lait aigre et de farine de pois. L'estomac rejette alors la moindre parcelle de nourriture chrétienne, comme un petit gentilhomme campagnard refuse la visite d'un riche voisin, de peur de lui laisser voir la nudité du pays.

— Mais est-il réellement question d'un mariage pour miss Mowbray? demanda le ministre.

— Oui vraiment, répondit Meg, c'est une nouvelle de Nelly la Trotteuse; et, quoiqu'elle aime à boire un petit coup, je ne crois pas qu'elle voulût inventer des mensonges, ou du moins venir m'en conter, à moi qui suis une bonne pratique.

— Cela demande attention, dit M. Cargill comme en se parlant à lui-même.

— Sans contredit, ajouta Meg. Ce serait une honte et un scandale qu'ils se servissent, pour la cérémonie, de cette cymbale retentissante qu'ils nomment Chatterly, tandis qu'il y a dans le pays une trompette presbytérienne comme vous, M. Cargill; et si vous voulez suivre le conseil d'une vieille radoteuse, vous ne laisserez pas ainsi prendre la mouture dans votre moulin.

— C'est vrai, c'est vrai, bonne mère Dods, dit le nabab; des gants et des rubans sont des choses qui méritent attention; et M. Cargill fera bien de venir avec moi à cette maudite fête, pour veiller à ses intérêts.

— Il faut que je parle à miss Mowbray, dit le ministre avec un air de distraction.

— Sans doute, sans doute, l'homme à lettres gothiques, répliqua M. Touchwood. Ainsi vous viendrez avec moi, et nous les ramènerons à la soumission qu'ils doivent à notre mère l'église; je vous en réponds. Quoi! l'idée d'être pris pour dupe ferait oublier à un santon ses contemplations. Et quel costume prendrez-vous?

— Le mien, bien certainement.

— Vous avez encore raison. Ils peuvent vouloir serrer le nœud sur-le-champ, et qui voudrait être marié par un ministre en mascarade? Allons, nous irons ensemble, c'est convenu.

Le ministre y consentit, pourvu qu'il reçût une invitation; et, comme cette invitation lui fut remise à son retour à la manse, il ne lui resta aucun prétexte pour se dédire, quand même il eût désiré en trouver un.

CHAPITRE XVIII.

LES JEUX DE LA FORTUNE.

> Le comte Basset. « Nous autres dont les voitures roulent sur les quatre as, nous sommes sujets à avoir une roue dérangée. »
>
> *Le Mari poussé à bout*, comédie.

Il est indispensable maintenant que nous rétrogradions un peu, et quoique ce ne soit pas tout-à-fait notre genre de style habituel, il faut que nous quittions le ton du dialogue pour prendre celui de la narration, afin de rapporter les faits plutôt que la manière dont ils affectent les acteurs. Notre promesse à cet égard n'est pourtant que conditionnelle, car nous prévoyons des tentations qui nous en rendront peut-être l'exécution littérale trop difficile.

L'arrivée du jeune comte d'Etherington à la source salutaire de Saint-Ronan y avait produit d'autant plus de sensation, qu'il s'y joignit l'incident singulier d'une attaque dirigée contre sa personne, tandis qu'il suivait un sentier plus court à travers le bois, à quelque distance de son équipage et de ses gens. La bravoure avec laquelle il avait mis en fuite le voleur de grand chemin ne pouvait être comparable qu'à sa générosité; car, quoiqu'il eût été assez grièvement blessé, il ne voulut pas qu'on fît aucune poursuite pour le découvrir.

Les trois Graces noires, pour employer l'expression d'un des plus joyeux compagnons de notre temps, la Jurisprudence et la Médecine, représentées par M. Micklewham et le docteur Quackleben, s'empressèrent de rendre hommage à lord Etherington; tandis que la Théologie, aussi favorable, quoique plus réservée, se levait sur la pointe des pieds en la personne du révérend M. Simon Chatterly, pour lui offrir également tous ses services.

D'après le motif honorable que nous avons déjà allégué, Sa Seigneurie, après avoir remercié M. Micklewham, et lui avoir donné à entendre qu'elle pourrait avoir d'autres occasions de recourir à ses services, n'accepta pas son offre de faire rechercher le brigand qui l'avait blessé. Il confia ensuite au docteur le pansement d'une blessure superficielle qu'il avait reçue au bras, et d'une égratignure qu'il avait au front. Il se conduisit avec tant de noblesse en cette occasion, que le docteur, dans sa sollicitude pour la santé du lord, lui recommanda de prendre les eaux de Saint-Ronan pendant un mois, s'il voulait avoir la satisfaction d'être parfaitement guéri. Il l'assura que rien n'était si fréquent que de voir des blessures cicatrisées se rouvrir; et l'eau de la source de Saint-Ronan étant, suivant le docteur Quackleben, un remède infaillible pour tous les maux auxquels la chair est sujette, ne pouvait manquer d'avoir la même vertu que celles de Barèges pour faciliter l'éjection des esquilles ou de tous les corps étrangers qu'une balle peut introduire dans le corps humain; car il avait coutume de dire que, quoiqu'il ne pût prétendre que les eaux qu'il protégeait fussent absolument un *panpharmacon*, une panacée, cependant il soutiendrait de vive voix et par écrit qu'elles possédaient les principales vertus des eaux médicinales les plus célèbres de l'univers. En un mot, l'amour d'Alphée pour Aréthuse n'était rien en comparaison de celui qu'avait le docteur pour sa source favorite.

Le noble personnage dont l'arrivée venait de jeter un nouveau lustre sur ce joyeux théâtre de la convalescence ne se montra pas d'abord à la table d'hôte et dans les autres réunions de l'honorable compagnie aussi fréquemment qu'on l'avait espéré. Sa blessure et sa santé lui servirent d'excuse pour ne paraître dans la société que par intervalles.

Mais quand il y paraissait, rien n'était plus séduisant que ses manières et son extérieur. Le mouchoir de soie cramoisie qui servait d'écharpe pour son bras blessé, la pâleur et la langueur qu'une perte de sang assez considérable avait laissées sur une physionomie belle et ouverte, donnaient à toute sa personne une grace que la plupart des dames déclaraient irrésistible. Toutes cherchaient à s'en faire remarquer, attirées par son affabilité, et piquées de sa nonchalance calme et aisée.

L'égoïste Mowbray et le grossier sir Bingo, habitués à se regarder et à être considérés comme les personnages les plus importans de la compagnie, souffrirent une éclipse presque totale.

Lady Pénélope mit en œuvre, pour s'emparer du jeune lord, toutes les ressources de son esprit et toutes ses connaissances littéraires; tandis que lady Binks se fiait, pour captiver son attention, aux charmes qu'elle avait reçus de la nature. Les autres nymphes se tenaient un peu en arrière, peut-être par ce même principe de politesse qui fait, sur le continent, que dans les parties de chasse on réserve à la personne qui a droit au plus de considération le premier coup à tirer sur une belle pièce de gibier. Mais plus d'un beau sein palpitait en songeant que les deux grandes dames pouvaient être déçues de leur attente, en dépit des avantages qu'on voulait bien leur laisser, et qu'alors les belles d'un rang moins élevé, mais peut-être plus habiles, pourraient à leur tour faire l'essai de leur adresse.

Tandis que le comte s'abstenait ainsi de paraître en public dans la société, il était nécessaire ou du moins fort naturel qu'il choisît quelqu'un pour partager la solitude de son appartement; et Mowbray, d'un rang supérieur à ce capitaine en demi-paie, à ce buveur de whisky, Mac Turk; Mowbray, plus élégant que le fat suranné Winterblossom, et ayant plus de tact et de bon sens que sir Bingo Binks, n'eut pas besoin de beaucoup multiplier ses manœuvres pour s'insinuer dans la société intime de lord Etherington. Bénissant au fond du cœur l'honnête brigand dont la balle avait été le moyen indirect qui avait privé celui dont il voulait faire sa victime de toute autre société que la sienne, il commença peu à peu à sonder le terrain, et à mettre à l'épreuve la force et le bonheur de son antagoniste à divers jeux d'adresse et de hasard, qu'il semblait lui proposer uniquement pour le distraire de l'ennui de garder la chambre.

Micklewham, qui prenait ou qui affectait de prendre le plus grand intérêt aux succès de son patron, et qui épiait toutes les occasions de s'informer de lui jusqu'à quel point il avançait dans ses projets, en reçut d'abord des rapports si favorables, qu'il riait à gorge déployée, qu'il se frottait les mains, et qu'il se livrait à des transports de joie. Un jour pourtant Mowbray prit un air grave qui réprima cette envie de rire.

— Il y a pourtant là quelque chose que je ne comprends pas bien, dit Mowbray ; Etherington, qui n'est pas novice, qui est malin en diable, qui est au courant de tout, perdre son argent comme un enfant !

— Qu'importe comment il le perde, pourvu que vous le lui gagniez bravement ?

— Du diable si je puis vous le dire ! — Si je n'étais convaincu qu'il n'a pas assez d'imprudence pour s'imaginer qu'un tel tour pût lui réussir avec moi, je croirais qu'il joue le rôle d'un vieux routier et qu'il cherche à m'amorcer. Mais non : il est impossible qu'il soit assez impudent pour l'espérer. Cependant j'ai appris qu'il a battu Wolverine, et vidé le gousset du pauvre Tom. Tom m'avait écrit tout le contraire, mais la vérité a percé. Eh bien ! je serai son vengeur, car je vois qu'on peut gagner Sa Seigneurie tout aussi bien qu'un autre.

— Vous savez mieux que moi ce que vous avez à faire, M. Mowbray, dit Micklewham en affectant un accent de compassion ; mais le ciel bénit la modération. Je n'aimerais pas à vous voir ruiner ce pauvre jeune homme *funditùs*, c'est-à-dire de fond en comble. Qu'il perde une partie de son argent, cela ne lui fera pas grand mal, et ce sera peut-être même pour lui une leçon utile dont il profitera à l'avenir. Mais, en honnête homme, je ne voudrais pas que vous allassiez plus loin. Épargnez-le, M. Mowbray, épargnez-le.

— Qui m'a jamais épargné, Micklewham? répondit Mowbray avec un ton d'emphase et en le regardant en face. Non, non, il faut qu'il passe au pressoir. Il me faut de l'argent ; son domaine se nomme Oakendale. Pensez à cela, Mick, Oakendale (1)! O nom d'un augure trois fois heureux! Ne parlez pas de merci, Mick; il faut démonter les écureuils d'Oakendale, et leur apprendre à marcher à pied. Quelle compassion le Troyen errant peut-il attendre des Grecs? Des Grecs! Je suis un vrai Souliote, le plus brave de tous les Grecs.

> Ni crainte, ni pitié! — Pour qui sert le visir,
> La crainte et la pitié doivent être inconnues (2).

— Et la nécessité, Mick, continua-t-il d'une voix un peu altérée; la nécessité est un maître aussi exigeant qu'aucun visir ou aucun pacha que Scanderbeg ait jamais combattu, ou que Byron ait jamais chanté.

Micklewham répondit à cette tirade par un son qui semblait exprimer en même temps la compassion, le plaisir et le regret: la compassion qu'il prétendait éprouver pour la victime désignée, le plaisir que

(1) La vallée des Chênes. — Tr.
(2) Ces vers sont empruntés au chant des Souliotes que lord Byron a introduit dans le second chant de *Child-Harold*. — Éd.

devait lui inspirer l'espoir de succès auquel se livrait son patron, et le regret de savoir qu'il ne pouvait atteindre son but que par des moyens dangereux pour lui.

Tout Souliote qu'il se prétendait, Mowbray, peu de temps après cette conversation, eut sujet de reconnaître que

> Lorsque contre le Grec le Grec porte les armes,
> La guerre doit alors inspirer des alarmes.

Les légères escarmouches entre les parties se terminèrent, et le combat sérieux s'engagea avec quelque précaution de part et d'autre; chacun d'eux désirant peut-être connaître le système de tactique de son ennemi avant de développer le sien. Le piquet, le plus beau des jeux auxquels un homme puisse sacrifier sa fortune, en était un auquel Mowbray, pour son malheur peut-être, avait été regardé comme très-habile, à peu près depuis son enfance; et le comte d'Etherington, quoique avec moins d'expérience, n'y était pourtant pas novice. Ils jouaient alors des sommes que l'état de la fortune de Mowbray rendait considérables pour lui, quoique son antagoniste parût les regarder comme des bagatelles. La victoire n'était pas toujours constante; car si Mowbray répondait quelquefois par un sourire de confiance aux regards interrogateurs de son ami Micklewham, il arrivait aussi de temps en temps qu'il cherchait à les éviter, comme pour épargner aux siens un aveu pénible.

Les alternatives dont nous parlons durèrent quelques jours. Mowbray, ami de toutes les heures, passait presque tous ses instans dans l'appartement de lord

Etherington, et presque chacun de ces instans était marqué par une bataille. Cependant comme la santé de Sa Seigneurie était alors assez bien rétablie pour se joindre à la compagnie qui devait aller faire une visite au château des Shaws, et que l'indisposition de miss Mowbray n'avait eu aucune suite, on remit cette partie sur le tapis, et il fut décidé qu'on y ajouterait un divertissement dramatique, dont nous aurons ci-après l'occasion d'expliquer la nature. On envoya de nouvelles cartes d'invitation à tous ceux qui en avaient déjà reçu lors du premier projet de fête, et même à M. Touchwood comme ayant passé quelques jours à l'hôtel du Renard et se trouvant encore dans les environs, toutes les dames ayant préalablement reconnu à l'unanimité qu'un nabab, quoique ayant quelquefois le teint cuivré et la santé délabrée, ne pouvait être négligé décemment. Quant au minstre, il avait été invité par bienséance, comme une ancienne connaissance de la famille Mowbray, qu'elle ne pouvait laisser de côté quand elle réunissait tous ses amis ; mais on connaissait si bien ses habitudes, qu'on ne croyait pas plus qu'il se rendît à cette invitation qu'on ne s'attendait à voir l'église de Saint-Ronan s'arracher à ses fondations pour venir au château des Shaws.

Ce fut après que ces arrangemens eurent été faits que le laird de Saint-Ronan entra tout à coup dans l'appartement particulier de Micklewham avec un air de triomphe. Le digne scribe tourna vers son patron son nez chargé de lunettes ; il tenait d'une main une liasse de papiers qu'il venait de lire, et de l'autre le ruban dont il se préparait à l'entourer ; mais il suspendit cette opération pour écouter, les yeux, la bouche et les oreilles ouvertes, ce que Mowbray avait à lui dire.

— Il est fait! lui dit-il d'un ton d'exaltation, quoique sans élever la voix. J'ai fait milord capot pour cette fois, doublé mon capital, Mick, et gagné quelque chose de plus. Silence! ne m'interrompez pas. Il faut penser à Clara maintenant; il faut qu'elle jouisse du soleil, quand ce ne serait qu'un rayon précédant un orage. Vous savez, Mick, que ces deux femmes ont décidé qu'il y aura aux Shaws une espèce de bal paré, une sorte de représentation théâtrale, et que ceux qui le voudront prendront des habits de caractère. Je lis dans leurs secrètes pensées : elles s'imaginent que Clara n'a pas de parure convenable pour cette folie solennelle; elles se flattent de l'éclipser, lady Pénélope par ses vieux diamans mal montés et à la mode de l'autre siècle, et lady Binks par les atours qu'elle porte aux dépens de sa réputation. Mais, de par le ciel! Clara l'emportera sur elles. Cette sotte pétrie d'affectation, la femme de chambre de lady Binks, m'a fait confidence que sa maîtresse a dessein de prendre le costume grec, pour se montrer sans doute comme une des figures orientales de William Allan (1). Mais lady Binks n'a pas tout prévu. Il n'y a à vendre dans tout Édimbourg qu'un seul schall qui soit digne de faire partie de ce costume; et il se trouve à la *Galerie de la Mode*. Or, mon cher Mick, il faut que ce schall soit pour Clara; et vous lui ferez aussi acheter les dentelles, mousselines et autres colifichets que vous trouverez désignés sur ce papier. Envoyez à Édimbourg par la malle de ce soir. Par ce

---

(1) Peintre d'Édimbourg, auteur du Tableau des *captifs Circassiens*. — Éd.

moyen nous préviendrons lady Binks, qui doit écrire demain par la poste. Tenez, voici un billet de banque de cent livres sterling.

Par une habitude mécanique de ne jamais refuser l'argent qui lui était offert, Micklewham prit le billet de banque, le regarda à travers ses lunettes, et continua à le tenir en main, tout en faisant à son patron la remontrance suivante.

— C'est bien agir, Saint-Ronan, très-bien agir, et je serais le dernier à dire que miss Clara ne mérite pas de vous égards et affection. Mais j'ai dans l'idée qu'elle ne donnerait pas une épingle pour toutes ces bagatelles. Vous savez vous-même qu'il est bien rare qu'elle change de mode. Elle pense que son habit de cheval suffit n'importe pour quelle compagnie; et si nous parlons de sa figure, c'est encore la même chose. Pauvre fille! si elle mettait un peu de rouge du moins!

— Fort bien, fort bien! dit Mowbray d'un ton d'impatience; laissez-moi le soin de faire trouver la parure agréable à une femme.

— A coup sûr, M. Mowbray, vous savez ce que vous avez à faire; mais, après tout, ne vaudrait-il pas mieux porter ces cent livres chez Tam Turnpenny, où votre sœur pourrait les retrouver si, par accident, elle venait à en avoir besoin un jour? Cela pourrait guérir un mal au pied.

— Vous êtes un fou, Mick. A quoi bon me parler d'un mal au pied, quand je veux faire crever un cœur de jalousie? Non, non; faites ce que je vous dis. Nous les éclipserons du moins pour un jour, et ce sera peut-être le commencement d'un éclat durable.

— Je le souhaite de tout mon cœur. Mais ce jeune

comte, avez-vous trouvé son côté faible? prête-t-il le flanc? c'est là le grand point.

— Je ne sais trop que vous en dire, répondit Mowbray d'un air pensif. Au diable Sa Seigneurie! Il faut que j'avoue qu'il est d'un degré au-dessus de moi dans la société; il appartient à tous les grands clubs; il est des Superlatifs et des Inaccessibles, ainsi que de toutes les réunions du même genre. J'ai été élevé plus modestement; mais qu'importe? Morbleu! on dresse de meilleurs chiens dans le chenil que dans le salon, et je puis aboyer aussi haut que lui, je pense. Au surplus, Mick, je saurai bientôt si je puis le mordre, et c'est toujours une consolation. N'y pensons plus. Ayez soin de ne pas oublier ma commission, et ne nommez personne; je ne veux pas compromettre la petite femme de chambre.

Ils se séparèrent, Micklewham pour exécuter les ordres de son patron, le patron pour tâcher de réaliser des espérances dont son bon sens ne pouvait lui déguiser l'incertitude.

Se fiant à la continuation de la veine de fortune qu'il avait rencontrée, Mowbray résolut d'amener ses affaires à une crise ce soir même. Tout sembla d'abord le favoriser. Il avait dîné dans l'appartement de lord Etherington, tête à tête avec lui. La santé de Sa Seigneurie ne permettait pas de faire circuler long-temps la bouteille, et une soirée humide d'automne rendant la promenade désagréable, ils se bornèrent à visiter une écurie dans laquelle étaient les chevaux du comte, confiés aux soins d'un palefrenier d'un mérite supérieur. Ils eurent naturellement et presque par force recours aux cartes pour passer le reste de la soirée; et, suivant leur usage, le piquet fut le jeu qu'ils choisirent.

Lord Etherington sembla d'abord jouer avec insouciance, laissant échapper des avantages dont, avec un peu plus d'attention, il n'aurait pas manqué de profiter. Mowbray lui reprocha sa négligence, et lui proposa de jouer plus gros jeu, afin de l'intéresser davantage à la partie. Le jeune comte y consentit, et bientôt les deux joueurs donnèrent toute leur attention aux divers changemens de fortune qu'offrait leur jeu, et aux moyens d'en profiter. Ils étaient si fréquens, si variés, si inattendus, que l'ame des joueurs semblait passer dans leurs cartes pour attendre le résultat de chaque partie. Enfin, à force de doubler les enjeux, une somme de mille livres sterling et plus, de chaque côté, vint à dépendre du sort d'une partie. Un risque considérable compromettait à la fois la totalité des fonds que Mowbray devait à la générosité de sa sœur et presque tout ce qu'il avait précédemment gagné, de sorte qu'il avait pour alternative la victoire ou la ruine; aussi, malgré tous ses efforts, ne pouvait-il cacher son agitation. Il buvait de l'eau pour la calmer, et ensuite du vin pour se donner du courage; mais tout en buvant, il donnait à son jeu tout le soin et toute l'attention dont il était susceptible.

Au premier tour de la partie les chances parurent assez égales, et le jeu fut digne de la somme hasardée. Mais, vers la fin, la fortune parut abandonner celui qui avait le plus grand besoin de ses faveurs, et Mowbray, avec un désespoir taciturne, vit son destin dépendre d'une dernière *donne*, et avec toutes les chances contre lui, puisque lord Etherington avait la main. Mais à quoi servent les faveurs de la fortune à celui qui s'abandonne lui-même? Par un oubli des règles du jeu, qu'on n'aurait pu attendre que du plus faible joueur qui ait jamais touché une carte, le jeune comte nomma son point sans le montrer, ce qui donna à Mowbray le droit de compter le sien. Cette faute décida de la partie, et le laird de Saint-Ronan ramassa les enjeux.

Lord Etherington montra quelque mécontentement, et sembla croire que Mowbray avait insisté sur l'observation des règles avec plus de rigueur que la politesse n'aurait dû le permettre, surtout en jouant un si petit jeu. Cette logique parut à Saint-Ronan manquer de justesse. Mille livres sterling, lui répondit-il, n'étaient point à ses yeux des coquilles de noix; il n'y avait que les enfans et les femmes qui jouassent au piquet sans en observer les règles; quant à lui, il aimerait mieux n'y jamais jouer, que d'y jouer sans règles fixes et invariables.

— C'est ce qu'il me semble, mon cher Mowbray, dit le comte; car, sur mon ame, je n'ai jamais vu figure aussi lugubre que la vôtre pendant cette malencontreuse partie. Elle a attiré toute l'attention que j'aurais dû donner à mon jeu, et je puis dire que votre lamentable physionomie me coûte mille livres sterling. Si je pouvais faire passer sur la toile votre figure allongée, j'aurais ma revanche et mon argent en même temps; car une copie bien ressemblante ne vaudrait pas un shilling de moins que ce que je viens de perdre avec l'original.

— A vous permis de plaisanter, milord, dit Mowbray; vous en avez bien payé le droit, et je vous permettrais dix mille plaisanteries au même taux. Eh bien! ajouta-t-il en prenant les cartes et en les battant, qu'en dites-vous? Voulez-vous prendre votre revanche dans une autre partie? on dit que la *vengeance* est douce.

— Je n'ai pas soif de vengeance ce soir, Mowbray, répondit le comte d'un air sérieux. S'il en était autrement, vous vous en trouveriez peut-être mal. Il ne m'arrive pas *toujours* de nommer mon point sans le marquer.

— Votre Seigneurie se reproche une erreur qui peut arriver à tout le monde. Votre distraction m'a servi comme de belles cartes l'auraient fait. J'en remercie la fortune.

— Et si la fortune n'y a eu aucune part? si, jouant avec un brave garçon, un ami comme vous, Mowbray, un homme préfère perdre une somme qui n'est rien pour lui, plutôt que de la gagner à cet ami, pour qui ce serait une perte considérable?

— En supposant un cas hors de toute supposition, milord, car vous me permettrez de vous dire que cette allégation est facile à faire, mais impossible à prouver, je dirais que personne n'a le droit de lire dans mes pensées à cet égard, ni de supposer que je joue plus gros jeu que je ne puis le faire sans me gêner.

— Et ainsi, ce pauvre diable, votre ami, aurait perdu son argent, et courrait encore le risque d'avoir une querelle avec vous! Mais prenons une autre hypothèse. Supposons que ce joueur d'humeur si facile eût une faveur de la plus haute importance à demander à son ami, et qu'il aimât mieux présenter sa requête à un gagnant qu'à un perdant?

— Si ce discours s'adresse à moi, milord, il serait nécessaire que j'apprisse en quoi je pourrais obliger Votre Seigneurie.

— Je puis vous le dire en un seul mot; mais ce mot

une fois lâché ne peut plus se rappeler, de sorte que je ne sais trop si... mais pourtant il faut parler. Vous avez une sœur, Mowbray ?

Mowbray tressaillit. — Oui, milord, j'ai une sœur; mais je ne vois pas comment son nom peut entrer convenablement dans la discussion qui nous occupe.

— Encore le ton menaçant! voilà un brave garçon! Il voudrait me couper la gorge, d'abord parce qu'il m'a gagné mon argent, et ensuite parce que je lui propose de faire sa sœur comtesse!

— Comtesse, milord! vous plaisantez? vous n'avez jamais vu Clara Mowbray.

— Cela peut être, mais qu'importe? Je puis avoir vu son portrait, comme le dit Puff dans le *Critique* (1). Je puis en être devenu amoureux sur ce que j'ai entendu dire, ou, pour vous épargner d'autres suppositions, car je vois que vous vous impatientez, je puis me contenter de savoir que c'est une jeune personne belle, bien élevée et possédant une grande fortune.

— Une grande fortune, milord! que voulez-vous dire? s'écria Mowbray, se rappelant non sans alarmes quelques mots que Micklewham lui avait dits sur les prétentions que Clara pourrait avoir sur ses propriétés. Notre famille ne possède que le domaine de Saint-Ronan, ou, pour mieux dire, ce qui en reste, et il m'appartient à titre d'héritier substitué.

— Soit, Mowbray. Je n'ai pas la moindre prétention à votre royaume dans les montagnes, qui était, sans contredit,

---

(1) Comédie de Sheridan, imitée de *la Répétition*, par le comte de Buckingham. — Éd.

> Jadis fertile en braves chevaliers,
> En fiers barons, en loyaux écuyers.

Je porte mes vues sur une contrée beaucoup plus riche, quoique moins pittoresque. D'abord un grand château nommé Nettlewood-House, un peu antique, mais situé au milieu des chênes les plus magnifiques qu'on puisse voir; ensuite, trois mille acres de terres labourables, bois et prairies, non compris deux grands clos occupés par la veuve Hodge et Goodman Trempolod; plus des droits seigneuriaux, des mines, des minéraux, et le diable sait combien d'autres bonnes choses, le tout situé dans la vallée de Bever.

— Et qu'est-ce que ma sœur a de commun avec tout cela, milord? demanda Mowbray extrêmement surpris.

— Rien quant à présent; mais tout cela lui appartiendra quand elle sera comtesse d'Etherington.

— Votre Seigneurie en est donc déjà propriétaire?

— Non, de par Jupiter! et je ne puis le devenir qu'autant que votre sœur consentira à m'accorder sa main.

— Cette énigme, milord, est plus difficile à deviner qu'aucune des charades de lady Pénélope, et il faudra que j'invoque le secours de M. Chatterly.

— Vous n'en aurez pas besoin, Mowbray, je vais vous en donner le mot, si vous voulez m'écouter avec patience. Vous savez que nous autres nobles anglais, moins jaloux de nos seize quartiers que les nobles du continent, nous ne dédaignons pas de doubler nos hermines un peu usées avec du drap d'or pris dans la Cité. Ce fut ainsi que mon aïeul fut assez heureux pour trouver une femme très-riche, mais dont la généalogie était fort pauvre, ce qui est d'autant plus étonnant que son père était votre concitoyen. Elle avait en outre un frère encore plus riche qu'elle, et augmentant tous les jours sa fortune en continuant le commerce qui avait enrichi sa famille. Enfin, il fit le compte total de ses livres, dit adieu au négoce, et se retira à Nettlewood pour y vivre en homme comme il faut. Là, mon très-respecté grand-oncle fut saisi tout à coup de la rage de devenir un homme d'importance. Il essaya d'y réussir en épousant une femme de condition ; mais il reconnut bientôt que, quelque avantage que sa famille pût tirer de cette circonstance, il n'en tirait guère d'illustration personnelle, et en conséquence il résolut de devenir lui-même un homme de bonne famille. Son père était encore très-jeune quand il avait quitté l'Écosse, et, je rougis de le dire, on l'appelait du nom vulgaire de Scrogie (1). Il porta lui-même ces deux malheureuses syllabes au bureau héraldique d'Écosse, mais ni Lyon, ni Marchmont, ni Islay, ni Snadoun, ne voulut prendre le nom de Scrogie sous sa protection. Aucun héraut, aucun poursuivant d'armes, ne fut moins dédaigneux ; il était impossible d'en rien faire. Enfin mon digne grand-oncle eut recours au côté le plus sûr de la famille, et il commença à établir les fondemens de sa dignité sur le nom de Mowbray, que portait sa mère. En cela il fut beaucoup plus heureux, et je crois que quelque rusé coquin fit sortir en sa faveur un rejeton de votre arbre généalogique, M. Mowbray de Saint-Ronan ; rejeton dont j'ose dire que vous avez reconnu le larcin. Quoi qu'il en soit, pour son *or et son argent*, il eut une belle feuille de parchemin, où l'on voyait un lion blanc pour

---

(1) *Scrogs*, mot écossais qui veut dire buisson. *Scroggy*, épineux, buissonneux. — Tr.

Mowbray, écartelé de trois arbrisseaux rabougris pour Scrogie ; et il devint ainsi M. Scrogie Mowbray, ou plutôt, car ce fut ainsi qu'il signa toujours, à compter de cette époque, Reginald S. Mowbray, changeant aussi son nom de baptême Ronald en celui de Reginald. Il avait un fils assez peu respectueux pour rire de cette manie, et qui, refusant les honneurs du beau nom de Mowbray, persista à conserver le nom véritable de son père, le nom de Scrogie, ce qui blessait horriblement les oreilles dudit père, et ne contribuait pas peu à aigrir son caractère.

— Sur ma foi, s'écria Mowbray, si j'avais eu à choisir, j'aurais donné la préférence à mon nom, et je crois que le vieillard était de meilleur goût que le jeune homme.

— C'est la vérité, mais c'étaient des originaux volontaires, absurdes, et doués d'une heureuse obstination que j'ignore s'ils tiraient des Mowbrays ou des Scrogies, mais qui sema tellement la zizanie entre eux, que le père courroucé, Reginald S. Mowbray, mit un beau jour à la porte le fils récalcitrant, Scrogie. Celui-ci aurait porté la peine de son esprit plébéien s'il n'avait trouvé un asile chez un ancien associé de son père, qui continuait encore le commerce lucratif, source de la richesse de sa famille. Je devais entrer dans ces détails pour vous faire comprendre, aussi bien qu'il est possible, la situation singulière dans laquelle je me trouve placé.

— Continuez, milord. On ne peut nier que cette histoire ne soit singulière, et je présume que c'est d'un ton sérieux que vous me donnez des détails si extraordinaires.

— Tout-à-fait sérieux, sur mon honneur, et vous allez voir dans un instant que c'est une affaire très-sérieuse. Quand mon digne grand-oncle, M. S. Mowbray, car je ne l'insulterai pas en lui donnant le nom de Scrogie, même dans sa tombe, eut payé le tribut à la nature, chacun fut convaincu qu'il avait déshérité son fils le récalcitrant Scrogie ; et, à cet égard, personne ne se trompa. Mais on s'imagina aussi qu'il aurait institué pour héritier lord Etherington, fils de sa sœur, et cependant il n'en fit rien. Il avait réfléchi que son nom favori de Mowbray ne recueillerait aucun avantage, n'obtiendrait aucune élévation additionnelle, s'il faisait passer dans notre famille, sans aucune condition, son beau domaine de Nettlewood, auquel il avait donné le nom de Mowbray-Park ; et avec l'aide d'un habile procureur il me le légua, tandis que j'entrais à peine à l'école, à condition que j'épouserais en légitime mariage, avant que j'eusse atteint l'âge de vingt-cinq ans accomplis, une demoiselle de bonne renommée, du nom de Mowbray, et par préférence de la maison de Saint-Ronan, s'il s'y trouvait une demoiselle à marier à cette époque. Voilà mon énigme expliquée.

— Et c'en est une comme on n'en voit guère, dit Mowbray d'un ton pensif.

— Avouez la vérité, dit lord Etherington en lui appuyant la main sur l'épaule, vous pensez que cette histoire admet un *grain* de doute, sinon un *scrupule* tout entier.

— Du moins, milord, vous conviendrez qu'étant le plus proche parent, le seul protecteur de miss Mowbray, je puis sans vous offenser avoir besoin de réfléchir sur une demande de sa main faite dans des circonstances si étranges.

— Si vous avez le moindre doute sur mon rang et ma fortune, je puis vous en donner les preuves les plus satisfaisantes.

— Je le crois facilement, milord, et je ne crains nullement qu'on cherche à me tromper dans un cas où la vérité serait si aisément découverte. Vos procédés à mon égard, et en parlant ainsi Mowbray jeta un coup d'œil à la dérobée, d'un air presque confus, sur les billets de banque qu'il tenait encore à la main, vos procédés à mon égard ont été de nature à m'annoncer un motif d'intérêt aussi puissant que celui que vous venez de me faire connaître. Mais il me paraît étrange que Votre Seigneurie ait laissé s'écouler un si grand nombre d'années sans avoir l'air de s'inquiéter en rien de la demoiselle qui, à ce qu'il me semble, est la seule personne avec qui vous puissiez contracter alliance, d'après la condition du testament de votre oncle. Il me semble qu'il y a déjà long-temps que vous auriez dû vous en occuper, et que, même en ce moment, il aurait été plus naturel et plus convenable que vous eussiez du moins vu ma sœur avant de faire la demande de sa main.

— Sur le premier point, mon cher Mowbray, il m'est permis de vous avouer, sans vouloir faire la moindre injure à votre sœur, que j'aurais voulu pouvoir me soustraire à la nécessité d'exécuter cette clause du testament de mon grand-oncle; car il est naturel qu'on désire choisir sa femme soi-même, et je ne suis nullement pressé de me marier. Mais les coquins d'hommes de loi, après s'être bien fait payer, et m'avoir tenu le bec dans l'eau pendant je ne sais combien d'années, ont fini par me dire tout net qu'il fallait ou que je me soumisse à cette clause, ou que Nettlewood eût un autre maître. J'ai donc cru que ce que j'avais de mieux à faire était de venir en personne, afin de porter mes propositions à votre sœur; mais, comme un accident m'a empêché de la voir jusqu'à présent, et que j'ai trouvé dans son frère un homme qui connaît le monde, j'espère que vous ne me saurez pas mauvais gré d'avoir cherché d'abord à gagner votre amitié. Le fait est que j'aurai vingt-cinq ans dans un mois, et sans votre secours, sans les occasions que vous seul pouvez me procurer, ce terme est un peu court pour obtenir les bonnes graces d'une demoiselle douée de tout le mérite de miss Mowbray.

— Et si cette alliance n'a pas lieu, milord, quelle est l'alternative?

— En ce cas, le legs de mon grand-oncle, le beau domaine de Nettlewood, le vieux château, les vieux chênes, les droits seigneuriaux, en un mot tout passe à un certain mien cousin germain, que le ciel confonde dans sa miséricorde!

— Vous vous êtes laissé bien peu de temps pour prévenir cet événement, milord; mais les choses étant telles que vous venez de me les expliquer, je favoriserai vos projets autant que je le pourrai honorablement. Cependant nous devons nous placer l'un et l'autre sur un terrain plus égal. J'irai jusqu'à convenir que la perte de la dernière partie que nous venons de faire aurait pu me gêner en ce moment; mais dans les circonstances où nous nous trouvons, je ne puis consentir à agir comme si je l'avais gagnée. Il faut que nous retirions chacun notre enjeu, milord.

— Ne m'en parlez pas, si vous avez quelque amitié pour moi, mon cher Mowbray. Mon oubli a été véritable, car, vous pouvez bien le croire, je pensais à toute autre chose qu'à montrer mon point. La partie a été légitimement perdue et gagnée. J'espère trouver des occasions de vous rendre de véritables services, qui me donneront peut-être quelque droit à votre amitié. Quant à présent, nous sommes parfaitement sur un pied d'égalité.

— Si Votre Seigneurie le pense ainsi, dit Mowbray, et, passant rapidement à un sujet sur lequel il sentait qu'il pouvait s'exprimer avec plus de confiance, il ajouta : — Quoi qu'il en soit, bien certainement nul service qui me serait personnel ne pourrait m'empêcher de m'acquitter de mes devoirs relativement à ma sœur.

— Je n'en doute nullement, et je ne vous demande pas autre chose.

— Je dois donc regarder la proposition de Votre Seigneurie comme tout-à-fait sérieuse, et croire que vous y persisterez, quand même, après avoir vu miss Mowbray, vous viendriez à la trouver moins digne de vos attentions que vous ne le supposez.

— Le traité que nous ferons, M. Mowbray, sera aussi définitif que si j'étais un prince souverain, demandant en mariage la sœur d'un monarque voisin, que suivant l'étiquette royale il n'aurait ni vue ni pu voir. J'ai été franc avec vous, et je vous ai informé que mes motifs pour entrer en négociation à ce sujet sont *des motifs territoriaux*. Quand je connaîtrai miss Mowbray, je ne doute pas que leur nature ne change. J'ai entendu dire qu'elle est belle.

— Une beauté excessivement pâle, milord.

— Les roses du teint sont le premier des attraits que le grand monde flétrit ; mais c'est celui dont il est le plus facile de réparer la perte.

— On peut différer de caractère sans qu'il y ait de reproches à faire d'aucun côté, milord. Je présume que Votre Seigneurie a pris quelques renseignemens sur celui de ma sœur. Elle est aimable et spirituelle ; elle a des talens, des sentimens élevés ; mais...

— Je vous comprends, M. Mowbray, et je vous éviterai la peine de vous expliquer : oui, je sais que miss Mowbray est, à quelques égards, un peu singulière, un peu fantasque, pour parler plus clairement. Qu'importe? Elle en aura moins à apprendre, quand elle sera comtesse, pour devenir une femme à la mode.

— Parlez-vous sérieusement, milord?

— Très-sérieusement ; et je vais m'expliquer encore plus franchement. J'ai le caractère très-accommodant, une gaieté imperturbable, et je puis supporter beaucoup de bizarreries chez les personnes avec qui j'ai à vivre. Je n'ai aucun doute que votre sœur et moi ne soyons heureux ensemble. Mais, s'il en arrivait autrement, nous pouvons prendre d'avance des arrangemens pour vivre chacun de notre côté. Mes biens personnels sont considérables, et Nettlewood est en état de soutenir un partage.

— Il me reste donc peu de choses à vous dire, milord. Je n'ai même plus rien à vous demander en ce qui concerne Votre Seigneurie. Mais, quoique je vous promette d'appuyer de tout mon crédit auprès de ma sœur la demande que vous faites de sa main, je vous déclare qu'elle doit être libre dans son choix, parfaitement libre, milord.

— Je puis donc considérer l'affaire comme conclue?

— Certainement, sauf l'approbation de ma sœur.

— Je me flatte qu'elle n'aura pas de répugnance personnelle à alléguer contre moi...

— Je ne le prévois pas, milord, car je ne saurais en imaginer aucune raison. Mais les jeunes filles sont capricieuses; et si Clara, quand j'aurai dit et fait tout ce qu'un frère peut dire et faire, persistait à refuser son consentement, il y a un point au-delà duquel je ne pourrais exercer mon influence sans me rendre coupable de cruauté.

Le comte se promena quelques instants dans l'appartement, et s'arrêtant tout à coup devant son ami, il lui dit d'un air grave et rêveur : — En attendant je me trouve lié, et votre sœur est libre. Cela est-il parfaitement juste, Mowbray?

— C'est ce qui arrive toujours, milord, à quiconque demande la main d'une jeune demoiselle. Il doit naturellement être lié par son offre jusqu'à ce que, dans un délai raisonnable, elle soit acceptée ou rejetée. Ce n'est pas ma faute si Votre Seigneurie m'a fait connaître ses désirs avant de s'être assurée des dispositions de ma sœur. Mais, comme il n'a été question de cette affaire qu'entre nous, je vous laisse le maître de retirer votre proposition, si vous le jugez convenable. Clara n'a pas besoin de se livrer à la première offre de mariage.

— Et moi je n'ai pas besoin de réfléchir plus longtemps à la résolution dont je vous ai fait confidence. Je ne crains pas le moins du monde de changer d'avis en voyant votre sœur, et je persiste dans la proposition que je vous ai faite. Si pourtant votre délicatesse vous laisse quelques scrupules à cet égard, la fête que vous allez donner peut me fournir les moyens de voir miss Mowbray, et même de converser avec elle, avant que je lui aie été présenté, l'habit de caractère dont j'ai fait le choix m'obligeant en quelque sorte à porter un masque.

— Soit, milord, je serai charmé pour vous comme pour moi que Votre Seigneurie prenne cette espèce de précaution.

— C'est une précaution inutile, mon cher Mowbray; mon destin est fixé d'avance. Mais si ce mode de traiter l'affaire peut mettre en repos votre conscience, je n'y vois aucune difficulté. Ce plan n'exige pas beaucoup de temps, et c'est à quoi je dois faire le plus d'attention.

Après quelques minutes d'une conversation qui n'aurait plus aucun intérêt pour le lecteur, ils se serrèrent la main et se séparèrent.

Mowbray ne fut pas fâché de se trouver seul pour réfléchir à tout ce qu'il venait d'entendre, et s'interroger lui-même sur ce qu'il en pensait; ce dont il n'était pas encore très-assuré. Il ne pouvait s'empêcher de sentir qu'une alliance avec un jeune comte possédant une fortune considérable lui procurerait, ainsi qu'à sa famille, des avantages bien plus grands que ceux qu'il aurait pu acquérir en le dépouillant, comme il en avait formé le projet, d'une partie de sa fortune, par son adresse au jeu. Mais son orgueil était blessé quand il se rappelait qu'il s'était entièrement livré à la discrétion de lord Etherington; et l'idée qu'il n'avait échappé à une ruine complète que grace à l'indulgence de son adversaire n'était pas un baume propre à guérir cette blessure. Il se sentait dégradé à ses propres yeux, en réfléchissant que l'homme qu'il avait voulu rendre victime de la supériorité qu'il se supposait avait complètement découvert ses desseins, et qu'il ne s'était abstenu de les déjouer que parce que son propre intérêt l'avait exigé.

Il s'élevait pourtant dans son esprit quelques soupçons qu'il lui était impossible d'en bannir entièrement. Pourquoi ce jeune lord avait-il fait précéder de la perte volontaire de deux mille livres sterling une proposition très-acceptable en elle-même sans un tel sacrifice? Pourquoi montrait-il tant d'empressement pour obtenir son consentement à l'alliance qu'il projetait, avant même d'avoir vu la jeune personne qu'il avait l'intention d'épouser? Quelque pressé qu'il fût, attendu le peu de temps qui lui restait pour exécuter ce qui lui était prescrit par le testament de son oncle, il pouvait du moins attendre jusqu'après la fête qui allait avoir lieu au château des Shaws, et à laquelle Clara serait obligée de paraître. Cependant une telle conduite, quoique peu ordinaire, ne pouvait annoncer de perfides desseins; car le sacrifice d'une somme considérable, et la demande en mariage d'une jeune personne bien née et sans fortune, ne semblaient pas annoncer des vues sinistres. Après tout Mowbray conclut que ce qui était extraordinaire dans la conduite du comte devait s'attribuer au caractère vif et impétueux d'un jeune et riche Anglais qui ne fait que peu de cas de l'argent, et trop étourdi pour suivre de la manière la plus naturelle et la plus raisonnable l'exécution d'un plan dont il s'est engoué. Enfin, si le lord agissait dans cette affaire d'après des motifs encore inexplicables, Mowbray se promit d'avoir assez de circonspection pour les découvrir, et assez à temps pour qu'il ne pût en résulter aucune conséquence fâcheuse, soit pour sa sœur, soit pour lui-même.

Absorbé par de semblables réflexions, il évita la présence de M. Micklewham, dont la curiosité était aux aguets, à l'ordinaire, pour savoir comment allaient les choses ; et quoiqu'il fût déjà tard, il monta à cheval et se rendit aux Shaws. Chemin faisant, il mit en question s'il ferait part à sa sœur de la demande qui venait de lui être faite, afin de la préparer à recevoir le jeune comte en amant approuvé par son frère. Mais il se décida pour la négative. — Non, non, pensa-t-il, elle pourrait se mettre dans la tête qu'il désire moins l'avoir pour épouse que s'assurer la propriété du domaine de son grand-oncle. Il faut nous tenir tranquille jusqu'à ce que ses charmes et ses talens puissent paraître au moins avoir eu quelque influence sur son choix. Ne disons rien jusqu'à ce que cette bienheureuse fête soit passée.

CHAPITRE XIX.

UNE LETTRE.

« Quoi donc! après m'avoir si long-temps tenu tête,
» Sans être fatigué, maintenant il s'arrête ?
— Eh bien ! soit ; j'y consens. »
SHAKSPEARE. *Richard III*.

A PEINE Mowbray avait-il quitté l'appartement du comte, que celui-ci commença une épître à un ami affidé ; et comme elle est propre à faire connaître les vues et les intentions de celui qui l'écrivait, nous allons la mettre sous les yeux de nos lecteurs. Elle était adressée au capitaine Jékyl, au *Dragon Vert*, à Harrowgate, et contenait ce qui suit :

« MON CHER HARRY,

« Voilà dix jours que je vous attends ici avec autant

d'impatience que jamais homme fut attendu, et votre absence me donne lieu de porter contre vous une accusation de haute trahison, de renonciation à votre foi jurée. Sûrement vous n'avez pas assez de présomption pour prétendre à l'indépendance, tel qu'un des nouveaux monarques de la façon de Buonaparte, comme si votre grandeur était votre ouvrage, et que je vous eusse ramassé de préférence à tout autre dans le café de *Saint-James*, pour faire vos affaires et non les miennes. Oubliez donc tout ce qui peut vous occuper en ce moment, soit une riche douairière à amuser, soit quelques pigeonneaux à plumer, et partez à l'instant pour venir me joindre ici, où je puis avoir besoin de votre assistance d'un moment à l'autre. *Je puis*, ai-je dit! Oui, ma foi! le plus négligent des amis et des alliés, j'en ai déjà eu besoin, et cela dans une circonstance où vous auriez pu me rendre le service le plus signalé.

« Sachez donc que j'ai eu une affaire depuis mon arrivée à Saint-Ronan; j'ai été blessé, j'ai presque tué mon ennemi; et si cela fût arrivé, j'aurais pu être pendu, faute d'Harry Jékyl pour rendre témoignage en ma faveur. J'étais en chemin pour me rendre ici, quand ne me souciant pas, pour certaines raisons, de passer par le vieux village, je pris un sentier de traverse dans le bois qui le sépare de ce qu'on appelle le nouveau Spa, laissant ma voiture et mes gens suivre la route ordinaire. Je n'avais guère fait qu'un demi-mille, quand j'entendis le bruit des pas de quelqu'un qui marchait derrière moi. Je me retournai; et qui croyez-vous que je vis? L'homme que je hais et que je déteste le plus cordialement dans le monde entier; je veux dire la tête qui se trouve sur les épaules de notre très-féal et très-amé cousin et conseiller, Saint-Francis. Il parut aussi surpris que je l'étais de cette rencontre imprévue, et il se passa une minute avant qu'il pût recouvrer assez de présence d'esprit pour me demander ce que je faisais en Écosse, au mépris de ma promesse, comme il lui plut de dire. Je rétorquai son argument, et lui reprochai d'y être lui-même en contravention à la sienne. Il se justifia en disant qu'il n'y était venu que d'après un avis formel qu'il avait reçu que j'étais en route pour Saint-Ronan. Cependant, Harry, comment diable aurait-il pu le savoir si vous aviez été discret? car il est bien sûr que vous êtes le seul à qui j'aie dit le moindre mot de mes projets. Ensuite, avec cet air de supériorité insolente qu'il fonde sur ce qu'il appelle la droiture de ses intentions, il me proposa de nous éloigner tous deux d'un endroit où nous ne pourrions apporter que douleur et infortune.

« Je vous ai dit combien il est difficile de résister au ton calme et résolu dont le diable le doue en de pareilles occasions; mais pour cette fois j'étais déterminé à ne pas lui laisser les honneurs du triomphe. Je ne vis pour cela d'autre moyen à employer que de me mettre dans une colère fulminante, ce que, grace au ciel, je suis toujours en état de faire à volonté. Je l'accusai d'avoir abusé de ma jeunesse pour m'en imposer et se constituer juge de mes droits; j'employai en lui parlant les termes les plus ironiques et les plus méprisans, et je lui demandai satisfaction à l'instant. J'avais sur moi, et pour cause, mes pistolets de voyage; et, à ma grande surprise, il avait aussi les siens. Cependant, pour que les armes fussent égales, je lui fis prendre un des miens, vrais *kuchenritters* (1), avec une couple de balles dans chacun; mais j'oubliai cette circonstance. Il voulait argumenter de nouveau; je pensai, comme je pense encore, que les meilleurs argumens à échanger entre nous devaient sortir du canon d'un pistolet, ou être soutenus à la pointe de l'épée. Nous tirâmes presque en même temps, et je crois que nous tombâmes tous deux. Quant à moi, je suis sûr que je tombai; mais je ne fus pas plus d'une minute à me relever, ayant une blessure au bras, et une égratignure à la tempe qui fut cause de l'étourdissement momentané que j'éprouvai. Voilà ce qu'on gagne à charger ses pistolets à deux balles. A mon grand étonnement, mon adversaire était devenu invisible; il ne me resta donc qu'à me rendre pédestrement au village de la Source, où j'arrivai saignant comme un veau, et où je fus obligé d'inventer une histoire lamentable et ridicule d'un voleur de grand chemin; histoire que, sans ma qualité de comte et le sang dont j'étais couvert, personne n'aurait voulu croire.

« Peu de temps après, lorsque j'eus été installé dans la chambre qui devait me servir d'hôpital, j'eus la mortification d'apprendre que ma précipitation m'avait occasioné tout ce désagrément dans un instant où j'avais la chance d'être débarrassé de mon cher ami par un tiers. Je n'avais pour cela qu'à le laisser continuer sa route. Il paraît qu'il avait ce matin-là un rendez-vous avec un stupide baronnet qu'on dit excellent tireur, et qui m'aurait peut-être délivré de Saint-Francis sans que je courusse aucun risque. Quoi qu'il en soit, son défaut de comparution à ce rendez-vous a mis M. Frank Tyr-

(1) Nom d'un armurier de renom. — Éd.

rel, comme il lui plaît de se nommer, en fort mauvaise odeur auprès de ces bonnes gens des eaux, qui l'ont dénoncé et affiché comme lâche et poltron.

« Je ne sais trop que penser moi-même de cette affaire ; et j'ai grand besoin de vous pour savoir ce que peut être devenu ce cher ami qui, comme un spectre de mauvais augure, a si souvent contrarié et fait avorter mes plans les plus heureux ; car, pour moi, ma blessure me condamne à l'inaction, quoiqu'elle commence à se guérir. Il ne peut être mort, car s'il avait reçu une blessure mortelle, nous en aurions entendu parler de manière ou d'autre ; il ne peut s'être évanoui en l'air comme une bulle de savon, et il est impossible qu'il soit sain et bien portant, car je suis sûr que je l'ai vu chanceler et tomber en tirant son coup. D'ailleurs je le connais assez pour pouvoir jurer que, s'il n'eût été dangereusement blessé, il m'eût d'abord tourmenté de son odieuse personne et de ses maudites offres de secours ; et il aurait été ensuite, avec son sang-froid ordinaire, régler son compte avec sir Bingo Binks. Non, non, Saint-Francis n'est pas de ces gens qui laissent de pareilles affaires à mi-chemin. Il faut lui rendre la justice de dire qu'il a le courage du diable pour soutenir sa froide impertinence. Mais pourtant, s'il est blessé dangereusement, il doit être dans les environs, et probablement il se tient caché. C'est ce qu'il faut que je découvre, et j'ai besoin de votre aide pour faire des enquêtes parmi les naturels du pays. Hâtez-vous donc d'arriver, Harry, si vous voulez continuer à compter sur moi.

« Un bon joueur qui a de mauvaises cartes cherche toujours à en tirer le meilleur parti possible. J'ai donc tâché de mettre à profit ma blessure, et elle m'a fourni les moyens de mettre monsieur le frère dans mes intérêts. Vous avez raison de dire qu'il est important pour moi de connaître le caractère de ce nouvel acteur qui paraît sur la scène tumultueuse de mes aventures. Sachez donc que c'est le plus incongru de tous les monstres ; un fat écossais, et vous pouvez juger à quelle distance il se trouve de la fatuité à la mode. Chaque trait de caractère national s'oppose aux prétentions de ces êtres infortunés quand ils essaient de jouer un rôle qui paraît si facile et si naturel à leurs frères de l'île des Saints. Ils sont rusés à la vérité, mais si dépourvus d'aisance, de graces, de liant et de manières, qu'ils semblent toujours souffrir mort et martyre quand ils veulent prendre un ton d'insouciance et de légèreté. Ensuite ils sont forcés de reculer à chaque pas, ici par l'orgueil, là par la pauvreté ; une fois par la pédanterie, une autre par la mauvaise honte. Avec tant d'obstacles qui leur barrent le chemin, il est positivement impossible qu'ils arrivent au but. Oui, Harry, il n'y a que les gens graves qui ont à craindre une invasion calédonienne ; ils ne feront jamais de conquêtes dans l'empire de la mode. Ils peuvent être excellens banquiers, car ils sont éternellement à calculer comment ils pourront ajouter l'intérêt au capital ; bons soldats, car si ce ne sont pas des héros, comme ils voudraient en avoir le renom, ils sont, je crois, aussi braves que leurs voisins, et plus faciles à discipliner ; hommes de loi très-ergotés, ils le sont de naissance, comme par instinct : chaque gentilhomme campagnard est élevé dans la pratique, et leur caractère patient et rusé leur rend faciles, dans tous les états, les épreuves que d'autres ne pourraient supporter, et les met à même de profiter de certains avantages que d'autres verraient passer inutilement sous leur nez. Mais assurément le ciel n'a pas créé le Calédonien pour briller dans la sphère du bon ton, et ses efforts pour montrer de l'aisance, de la grace et de la gaieté ne ressemblent qu'aux gambades gauches et maladroites de l'âne de la fable. Cependant il a aussi sa sphère, seulement dans son pays, où le caractère qu'il emprunte passe pour monnaie courante. Ce Mowbray, par exemple, ce mien beau-frère, jouerait assez bien son rôle dans une assemblée, dans quelque coin du nord, ou aux courses de Leith; il pourrait y donner cinq minutes à l'amusement du jour, et la demi-heure d'ensuite à une discussion sur la politique ou sur l'exploitation d'une ferme; mais il est inutile de vous dire que tout cela ne serait pas reçu comme argent comptant sur la rive méridionale de la Tweed.

« Et cependant, malgré tout ce que je vous ai dit, cette truite n'a pas facilement mordu à l'hameçon. Je n'aurais pas même fait grand chose de lui si, dans son amour-propre septentrional, il ne se fût avisé de me prendre pour un oison facile à plumer; idée que vous avez imaginée, gloire à votre imagination inspiratrice! de lui faire insinuer par le moyen de Wolverine. — Il se mit donc à l'œuvre, plein d'espoir : il vint à l'abordage; mais, comme vous devez l'avoir prévu, il rencontra un corsaire qui le força lui-même à amener. Vous jugez bien que je n'usai de ma victoire qu'autant qu'il le fallait pour m'assurer qu'il manœuvrait de concert avec moi pour me faire entrer dans le port vers lequel je vogue à pleines voiles. Cependant je pus voir que l'orgueil de mon homme souffrait tellement dans le cours de cette négociation, que tous les avantages que le mariage offrait à sa maudite famille ne suffiraient pas pour dissiper le chagrin que lui inspirait sa défaite. Il l'avala pourtant, et nous sommes, du moins quant à présent, amis et alliés ; mais pas assez, après tout, pour que je me sois décidé à lui confier dans tous ses détails une histoire étrangement compliquée. Il était indispensable de lui parler du testament, afin d'avoir un motif suffisant pour presser la conclusion de l'affaire, et cette confidence partielle m'épargne en ce moment la nécessité de lui en faire d'autres.

« Vous ferez attention que je ne suis encore sûr de rien. Indépendamment de la réapparition de mon cher cousin, événement certain, à moins qu'il ne soit plus mal que je n'ose l'espérer, j'ai peut-être à m'attendre à une répugnance fantasque de la part de Clara elle-même, ou à quelque bourrasque de la part de son frère. En un mot, et que ce mot soit aussi puissant que celui par lequel un sorcier fait paraître le diable, — Harry Jékyl, j'ai *besoin* de vous.

« Connaissant parfaitement le caractère de mon ami, je puis l'assurer qu'en se rendant ici, comme son devoir l'exige, il consultera son propre intérêt autant que le mien. Il s'y trouve un balourd, dont j'ai déjà parlé, sir Bingo Binks, qui peut mériter que vous exerciez votre savoir-faire sur lui, quoiqu'il soit à peine digne du mien. C'est un véritable butor ; et, quand je suis arrivé ici, il était sous la couleuvrine de Mowbray. Mais le maladroit Écossais lui a tiré une demi-douzaine de plumes de l'aile avec si peu de précaution, que le baronnet s'est effarouché ; il est en ce moment en rébellion ouverte contre le laird, qu'il déteste autant qu'il le craint.

Que votre main savante lui prête un peu d'appui, et le pigeon est à vous, plumes, chair et os. D'ailleurs,

> Sur ma vie !
> De ce Bingo la femme est fort jolie.

Une femme aimable, Harry, rondelette, une taille un peu au-dessus de la moyenne, tout-à-fait à votre goût; une Junon en beauté qui jette de tels regards de dédain sur un mari qu'elle hait et qu'elle méprise, et qui a l'air de vouloir en jeter de si différens sur quiconque elle pourrait préférer, que, sur ma foi, ce serait un péché que de ne pas lui en fournir l'occasion. S'il vous plaît de tenter fortune près du chevalier ou de la dame, vous aurez le champ libre, et je n'irai pas sur vos brisées, c'est-à-dire si vous arrivez sur ce mandat de comparution, sans quoi il est possible que les affaires du chevalier et celles de la dame me tombent sous la main. Ainsi donc si vous voulez profiter de cet avis, dépêchez-vous d'arriver, autant pour votre intérêt que pour le mien.

« Je suis, Harry, suivant que vous vous conduirez, votre, etc.,

« ETHERINGTON (1). »

Ayant terminé cette épître aussi éloquente qu'instructive, le jeune comte appela Solmes son valet de chambre, et lui ordonna de la porter à la poste sur-le-champ, et de la mettre dans la boîte de sa propre main.

(1) On ne saurait s'empêcher de remarquer ici que cette lettre est une imitation du style des épîtres de Lovelace à Belfort. — ÉD.

CHAPITRE XX.

TABLEAUX DRAMATIQUES (1).

> « La pièce est l'objet en question. »
> *Hamlet.*

Il était enfin arrivé ce grand jour dont les apprêts depuis quelque temps avaient occupé toutes les pensées et fait le sujet de toutes les conversations aux eaux de Saint-Ronan. Pour que la fête eût à la fois un air de nouveauté et d'importance, lady Pénélope Penfeather avait suggéré depuis long-temps à Mowbray l'idée que les personnes de la compagnie, douées de quelques ta-

---

(1) Les allusions toutes littéraires du chapitre ne seront peut-être bien comprises que des lecteurs de Shakspeare : la pièce *du Songe d'une nuit d'été* devra surtout leur être familière. — Éd.

lens en ce genre, pourraient contribuer à l'amusement des autres en jouant quelques scènes prises dans différentes pièces, exercice dans lequel son amour-propre l'assurait qu'elle ne pouvait manquer de briller. Mowbray, qui semblait en cette occasion avoir entièrement abandonné les rênes entre les mains de Sa Seigneurie, ne fit aucune objection au projet qu'elle proposait, et se borna à dire qu'en ce cas il faudrait que les avenues et les charmilles du jardin de Shaws servissent de théâtre et de décorations, car l'époque trop rapprochée de la fête ne permettrait pas de disposer une salle pour cette représentation. Mais lorsqu'il en fut question dans la société, ce plan échoua contre la difficulté ordinaire, celle de trouver des acteurs qui voulussent se charger des rôles subalternes. On avait plus de candidats qu'il n'en fallait pour les premiers rôles, mais c'était tout le contraire pour les autres ; et si l'on réussissait, à force de cajoleries, à déterminer quelques personnes sans ambition à se charger des emplois secondaires, il y avait parmi elles des mémoires si mauvaises, des mémoires si courtes, des mémoires si traîtresses, qu'enfin, et de désespoir, on renonça à ce projet (1).

On en discuta un autre que lady Pénélope proposa en place du premier. C'était de jouer ce que les Italiens appellent une comédie de caractère, c'est-à-dire non pas une pièce dans laquelle les acteurs débitent leurs rôles tels que l'auteur les a préparés, mais un drame dont le canevas seulement est proposé, dont quelques scènes les plus frappantes sont convenues d'avance, et

---

(1) Il y a dans ce paragraphe l'indication du joli proverbe de M. Théodore Leclercq, intitulé *la Manie des Proverbes*.— Éd.

dont les acteurs fournissent le dialogue *ex tempore*, ou comme dit Petruchio (1), *avec l'esprit de leur mère*. Cet amusement est fort en vogue en Italie, surtout à Venise, où les divers caractères du drame ont été fixés depuis long-temps et sont descendus jusqu'à nos jours par tradition ; cette espèce de pièce de théâtre, quoique appartenant plutôt à la farce qu'à la comédie, se distingue par le nom de *comedia del arte* (2). Mais ces sortes de jeux, dans lesquels chacun paie de sa personne, par l'esprit ou par cette sorte de causerie libre qui en tient lieu, contrarient encore plus la *fausse honte* anglaise que la représentation régulière d'un drame dont l'auteur seul, responsable du style et des idées, ne laisse aux acteurs que l'embarras du débit et de l'action.

Quoique ayant échoué dans ses deux premiers projets, l'esprit ardent et actif de lady Pénélope, toujours courant après la nouveauté, en produisit un troisième qui eut plus de succès. C'était de réunir un certain nombre de personnes portant des costumes convenables, et formant un groupe, pour représenter des personnages historiques ou dramatiques, dans quelque scène bien connue, tirée de l'histoire ou de quelque pièce de théâtre. Dans cette représentation, qu'on pouvait nommer un tableau, on n'exigeait ni action, ni pantomime ; tout ce qu'avaient à faire les acteurs, c'était de composer un groupe dans lequel on pût re-

---

(1) Personnage de *la Femme mise à la raison*, de Shakspeare.
ÉD.

(2) Voyez l'ouvrage si intéressant de M. William Rose, sur le nord de l'Italie, vol. 1er, lettre XXX, où ce sujet est traité avec tout le savoir et toute la précision qui distinguent cet auteur accompli. — W. S.

connaître quelque scène facile à se rappeler, et prise dans un instant où les personnages sont comme en repos, et n'ont ni à parler ni à agir. Pour former cette espèce de tableau dramatique, il ne fallait mettre à contribution ni l'esprit ni la mémoire de ceux qui y prendraient des rôles; et ce qui rendait ce projet encore plus agréable à la bonne compagnie, c'était qu'il n'y avait pas de différence marquée entre le héros, l'héroïne du groupe et les personnages moins distingués qui les environnaient. Quiconque avait confiance dans les graces de son extérieur et dans un costume soigné, pouvait, sans se trouver dans un jour aussi brillant et aussi favorable que les principaux acteurs, avoir quelque espoir d'attirer à soi une bonne part de l'attention et des applaudissemens. Les personnes de la compagnie furent donc invitées à se munir de costumes convenables et à se former en groupes qui pourraient se renouveler et varier autant de fois qu'on le jugerait convenable. La proposition fut adoptée comme une idée brillante qui donnait à chacun une partie de l'importance attachée au succès.

Mowbray, de son côté, promit d'imaginer quelque arrangement pour séparer, dans ce drame muet, les spectateurs des acteurs, et pour donner à ceux-ci les moyens de varier les amusemens, en se retirant derrière la scène pour s'y remontrer ensuite sous de nouvelles combinaisons. Ce projet de représentation, où de riches costumes et des attitudes affectées dispensaient de recourir à l'imagination et au talent, plut infiniment à la plupart des dames; et lady Binks elle-même, dont l'humeur paraissait à l'épreuve de tous les efforts qu'on faisait pour l'égayer, accueillit ce plan, avec une parfaite indifférence à la vérité, mais d'un air moins boudeur que de coutume.

Il ne fut plus question que de mettre en réquisition le cabinet de lecture établi dans le village de la Source, afin d'y chercher quelque pièce assez célèbre pour commander l'attention, et dont quelques scènes au moins fussent favorables à l'exécution de l'idée de lady Pénélope. On feuilleta tour à tour le Théâtre anglais de Bell (1), le Théâtre ancien et moderne de Miller (2), et une vingtaine de volumes dans lesquels les tragédies et les comédies se trouvaient placées sans choix ni arrangement, comme des voyageurs dans une diligence. Mais lady Pénélope se déclara hautement pour Shakspeare, comme l'auteur dont les ouvrages immortels étaient présens au souvenir de tout le monde. Shakspeare eut donc la préférence, et le Songe d'une nuit d'été fut celle de ses pièces qu'on choisit, comme offrant la plus grande variété de caractères, et par conséquent devant produire le plus d'effet dans le tableau qu'on voulait présenter. Toute la compagnie rivalisa d'activité pour se procurer dans les environs, s'il était possible, soit des exemplaires détachés de cette comédie, soit le volume des œuvres de Shakspeare dans lequel elle se trouve ; car, quoique lady Pénélope déclarât que quiconque savait lire connaissait son Shakspeare par cœur, il paraît que la société réunie aux eaux de Saint-Ronan

(1) *Bell's British theatre*, collection in-18, avec vignettes et figures. — Éd.

(2) *Ancient and modern drama :* c'est un choix de chefs-d'œuvre de la scène anglaise depuis son origine jusqu'à nos jours. Ce recueil, dont Walter Scott a été l'éditeur, est divisé en tragédies, comédies, opéras, etc. ; il forme 4 vol in-8º, compactes. — Éd.

n'était guère familière avec les pièces de cet auteur qui ne sont pas restées au théâtre, à l'exception du petit nombre de ceux qu'on aurait pu nommer lecteurs par excellence.

La distribution des rôles fut le sujet de considération qui s'offrit ensuite, dès que ceux qui avaient dessein de représenter un personnage se furent rafraîchi la mémoire en lisant la pièce. Le rôle de Thésée fut abandonné à Mowbray d'une voix unanime; celui qui donnait la fête avait un droit incontestable à représenter le duc d'Athènes. Le costume d'Amazone, un casque et un panache; un corset, et une ceinture de soie bleue de ciel serrée par une boucle enrichie de diamans, firent agréer à lady Binks le rôle d'Hippolyte (1). La taille de miss Mowbray, plus élevée que celle de lady Pénélope, rendit indispensable de lui laisser celui d'Hélène (2), et Sa Seigneurie fut obligée de se contenter du personnage un peu boudeur d'Hermia (3). On avait résolu, par politesse, de donner au jeune comte d'Etherington le rôle de Lysandre (4); mais Sa Seigneurie, préférant le comique au pathétique, ne voulut se charger que de celui du magnanime Bottom (5), et il donna un échantillon si heureux de la manière dont il s'en acquitterait, que chacun fut enchanté de la condescendance qu'il montrait en consentant à faire connaître le représentant de Pyrame.

(1) Reine des Amazones. — Éd.
(2) Amante de Démétrius. — Éd.
(3) Fille d'Égée, amante de Lysandre. — Éd.
(4) Amant d'Hermia. — Éd.
(5) Amateur dramatique jouant le principal rôle dans Pyrame et Thisbé, tragédie burlesque qu'on représente devant Thésée. — Éd.

Le rôle d'Égée (1) fut assigné au capitaine Mac Turk, dont l'obstination à refuser de paraître sous tout autre costume que celui des montagnards d'Écosse pensa tout déranger. Enfin, on surmonta cet obstacle, grace à l'autorité de Childe Harold (2), qui fait remarquer la ressemblance qui existe entre ce costume et celui des Grecs modernes, et il fut décidé que le *kilt* (3) en tartan bariolé du clan de Mac Turk serait la tunique d'un montagnard grec; qu'Égée serait un Mainiote, et que le capitaine représenterait Égée.

Chatterly et le peintre, tous deux promeneurs par profession, consentirent à se charger des rôles des deux amans athéniens, Démétrius et Lysandre; et M. Winterblossom, après s'être long-temps excusé, promit enfin, grace au présent que lui fit lady Pénélope d'un camée antique, ou supposé tel, de jouer le rôle de Philostrate, surintendant des fêtes de Thésée, pourvu que sa goutte lui permît de rester assez long-temps sur le gazon qui devait servir de théâtre.

Des pantalons de mousseline brodée en paillettes, un énorme turban de gaze d'argent, des ailes de même étoffe et des pantoufles brodées firent tout d'un coup de miss Maria Diggs, Oberon, roi des Fées, dont la dignité suprême n'était pourtant qu'imparfaitement représentée par la gaieté un peu folle d'une jeune fille, et par le plaisir irrésistible qu'elle montrait à se voir un si

---

(1) Père d'Hermia. — Éd.

(2) Dans les notes du chant II de *Childe Harold*, lord Byron dit qu'il fut frappé, à la vue d'un Albanien, de l'analogie de son costume avec celui du montagnard écossais. — Éd.

(3) Jupon court porté par les montagnards d'Écosse. — Ed.

brillant costume. Sa sœur, encore plus jeune qu'elle, fut chargée du rôle de Titania (1); et l'on trouva des fées subalternes dans les différentes familles qui étaient aux eaux, les mères voyant avec plaisir leurs enfans figurer sous un costume avantageux, quoiqu'elles secouassent la tête en remarquant les pantalons de miss Diggs, et la jambe droite que lady Binks exposait à la vue du public, grace à son costume d'amazone.

On eut recours au docteur Quackleben pour le rôle de la Muraille (2), qu'il remplit à l'aide d'un de ces écrans, vulgairement dits chevaux de bois, dont on se sert pour sécher le linge. Celui du lion fut donné au procureur. Les autres personnages de la pièce de Bottom se trouvèrent aisément parmi les personnes qui étaient aux eaux, et que nous n'avons pas eu occasion de nommer. On fit gaiement maintes répétitions en costume, et chacun assura que tout irait à ravir.

Mais toute l'éloquence du docteur même échoua quand il entreprit de faire une Thisbé de mistress Blower, dont on avait particulièrement besoin pour ce rôle.

— La vérité, dit-elle, c'est que John Blower, le brave homme! à qui comme à tous les marins il fallait toujours quelque frasque, me mena une fois voir une certaine mistress Siddons. Je crus que nous serions étouffés avant de pouvoir entrer, et ma pauvre robe fut déchirée à la taille, sans compter les quatre beaux shillings

---

(1) Reine des Fées, appelée plus familièrement *la reine Mab* (*Queen Mab.*) — Éd.

(2) Dans la tragédie burlesque de *Pyrame et Thisbé*, c'est un acteur qui représente la muraille séparant les deux amans. — Éd.

blancs comme un lis qu'il nous en coûta. Nous vîmes paraître trois vieilles effrayantes, avec des balais, qui voulaient ensorceler la femme d'un marin (1) : j'en eus bientôt assez et je voulus m'en aller. John Blower y consentit; mais nous eûmes une autre bataille à livrer pour sortir. Milady *Penfetter* et tout ce beau monde peuvent faire ce qu'il leur plait; mais moi, docteur *Cakcleben*, je crois que c'est un blasphème que de nous montrer autrement que notre Créateur nous a faits.

— Vous êtes dans l'erreur, ma chère mistress Blower, répondit le docteur, dans la plus grande erreur possible. Il ne s'agit de rien de sérieux; ceci n'est qu'un *placebo*, rien qu'un divertissement pour égayer l'esprit et aider l'effet des eaux : la gaieté contribue beaucoup à la santé.

— Ne me parlez pas de santé, docteur *Kittlepin*; croyez-vous que la santé de ce pauvre capitaine Mac Turk s'en trouvera mieux parce qu'il s'habille par une matinée froide comme ces mannequins (2) qu'on voit à la porte des boutiques de tabac, et qu'il montre ses jambes flétries, et bleues comme une tête de bleuet? Quant à moi, je frissonne rien qu'à le voir. Et vous-même, docteur, quel plaisir pouvez-vous trouver à vous promener le dos caché par un écran couvert de papier, et peint comme un mur en briques et en plâtre? Croyez-vous que vous vous en porterez mieux? Non, docteur *Kittlepin*, je n'irai pas voir toutes leurs vanités; et, s'il n'y a pas quelqu'un de décent pour prendre soin

---

(1) Macbeth. — Éd.

(2) Les marchands de tabac, en Angleterre, ont souvent pour enseigne un montagnard écossais. — Tr.

de moi, comme je n'aime pas à rester seule toute une soirée, j'irai passer celle-là chez M. Sowerbrowst, le marchand de drèche; c'est un homme agréable, sensé, et qui est sur un bon pied dans le monde.

— Au diable soit Sowerbrowst! pensa le docteur; si j'avais cru le rencontrer ainsi sur mon chemin, je ne l'aurais pas si promptement guéri de sa dyspepsie. — Ma chère mistress Blower, dit-il à la veuve, il y a bien un grain de folie dans cette affaire, il faut que j'en convienne; mais il a été décidé que tout ce qu'il y a de gens comme il faut aux eaux se trouverait à cette représentation; on ne parle que de cela dans tout le pays depuis un mois, et il se passera plus d'un an avant qu'on l'oublie. Si vous ne faisiez pas comme les autres en cette occasion, mistress Blower, réfléchissez à tous les *qu'en dira-t-on* qui en résulteraient. Personne ne croira que vous ayez reçu une carte d'invitation, quand même vous la suspendriez à votre cou, comme une étiquette à une fiole de pharmacie.

— Si vous croyez cela, docteur *Kirckherben*, dit la veuve alarmée à l'idée du risque qu'elle courait de déchoir de sa considération, j'irai voir cette mascarade comme les autres. S'il y a honte et péché à cela, la honte et le péché retombent sur ceux qui en sont cause. Mais je ne mettrai pas leurs déguisemens papistes, moi qui ai vécu, je ne dirai pas combien d'années, à North-Leith, tant comme fille que comme femme, et qui ai une réputation à conserver parmi les saints et parmi les pécheurs. Mais, puisque vous allez faire de vous un mur de pierres et de ciment, docteur *Kickinben*, qui prendra soin de moi, si je me trouve mal?

— Si telle est votre détermination, ma chère mistress

Blower, je renoncerai au rôle de la Muraille. Milady doit prendre ma profession en considération. Elle doit faire attention que mon devoir est de m'occuper de mes malades, de préférence à toutes les comédies ; et, pour veiller à une santé comme la vôtre, mistress Blower, je sacrifierais le théâtre tout entier, depuis Shakspeare jusqu'à O'Keeffe (1).

Une résolution si magnanime soulagea considérablement le cœur de la veuve, car elle aurait probablement considéré la persévérance du docteur dans un plan qu'elle avait hautement marqué du sceau de sa désapprobation, comme une espèce de renonciation. En conséquence, par suite d'un arrangement qui eut le bonheur de convenir à toutes les parties, il fut convenu que le docteur accompagnerait sa chère veuve au château des Shaws sans masque et sans costume, et que l'écran dont son dos devait être chargé passerait sur les larges épaules d'un avocat sans causes, très-propre à jouer le rôle de la Muraille, puisqu'il avait la tête plus dure que le mur le plus solide.

Nous ne nous arrêterons pas à décrire les divers travaux de corps et d'esprit qui occupèrent toute la compagnie pendant le temps qui s'écoula entre l'époque où tous ces arrangemens furent définitivement arrêtés, et le jour où ils devaient être mis en exécution. Nous n'essaierons pas de peindre comment les plus riches personnages employèrent le secours des missives et des exprès pour faire des recherches dans la *Galerie de la Mode*, afin d'y trouver les plus beaux échantillons de parure orientale ; comment ceux qui n'avaient pas de diamans

---

(1) Auteur dramatique né en Irlande.

y suppléèrent par des pierres de Bristol; comment les marchands du pays perdirent patience en s'entendant demander des marchandises dont ils ne connaissaient pas même le nom; enfin, comment les dames les plus économes changèrent des fichus en turbans, métamorphosèrent des cotillons en pantalons, et taillèrent, rognèrent et gâtèrent de bonnes robes et de beaux jupons pour en faire quelque chose qui ressemblât à une draperie antique. Qui pourrait décrire les merveilles que produisirent des aiguilles infatigables et des ciseaux bien affilés, à l'aide du fil et du dé, sur de la gaze d'argent et de la mousseline lamée, et la manière dont les belles nymphes des eaux de Saint-Ronan réussirent, sinon à se donner tout-à-fait la ressemblance de Grecques païennes, du moins à perdre l'air de chrétiennes raisonnables?

Il n'est pas plus nécessaire d'appuyer sur les divers moyens que tout le beau monde employa pour se transporter du nouveau Spa au château des Shaws. Ils différèrent suivant la fortune et les prétentions de chacun de ceux qui s'y rendirent. On y vit depuis le char élégant du lord, avec des coureurs en avant, jusqu'à l'humble charrette chargée des personnages les moins importans. Les deux chaises de poste de l'hôtel furent mises en réquisition, et elles firent tant de fois le chemin du nouveau village au château, qu'elles semblaient changées en diligences. Ce fut un jour de bonheur pour les postillons et de malheur pour les chevaux de poste, tant il est rare que le même événement affecte de la même manière, soit en bien, soit en mal, toutes les classes d'une société, quelle qu'en puisse être la constitution.

Dans le fait, la disette de voitures était si grande qu'on s'adressa même, en toute humilité, à Meg Dods, pour qu'elle voulût bien, pour ce jour seulement et attendu l'urgence, louer son vieux wisky pour faire quelques voyages au château des Shaws. Mais un vil intérêt ne pouvait l'emporter dans l'esprit intrépide de Meg, sur son animosité contre ses voisins de l'odieuse mare. Sa voiture, répondit-elle, était retenue par son hôte et le ministre, et du diable si elle servait à quelque autre; il fallait que chaque hareng fût pendu par sa tête.

En conséquence, à l'heure convenable, on vit sortir de chez elle le fameux wisky, dans lequel, caché avec soin par les rideaux de cuir, pour se dérober à la vue de tout le fretin du vieux village, était assis le nabab Touchwood, en costume de négociant indien ou de *shroff*, comme on les appelle. M. Cargill n'aurait peut-être pas été si ponctuel, si des messages que son ami lui avait envoyés coup sur coup pendant la matinée, et qui s'étaient suivis comme les morceaux de papier que les enfans font monter à la corde de leur cerf-volant, ne lui eussent donné tant d'alertes, que M. Touchwood le trouva prêt à partir. Le wisky n'attendit pas à la porte du presbytère plus de dix minutes, temps que le digne ministre employa à chercher ses lunettes, qu'il découvrit enfin sur son nez.

Assis à côté de son nouvel ami, M. Cargill arriva sans accident au château des Shaws. La porte en était entourée par un groupe de marmots poussant des cris assourdissans, et tellement transportés de joie et de surprise en voyant les figures étranges qui descendaient de chaque voiture, que la mine rébarbative et la voix bien connue du bedeau Johnie Tirlsneck, mis en réquisition pour leur imposer, ne pouvaient venir à bout de les réduire au silence. Ces petits intrus si bruyans, qu'on croyait favorisés sous main par Clara Mowbray, étaient exclus de la cour, au fond de laquelle s'élevait le château, par deux palefreniers armés de longs fouets, et ils ne pouvaient saluer de leurs acclamations perçantes chaque personnage, que le long d'une petite avenue qui conduisait de la porte extérieure à celle du château.

Leurs cris joyeux redoublèrent quand ils virent paraître le nabab et le ministre : le premier méritait ces acclamations par l'aisance avec laquelle il portait son turban blanc : le second excitait la surprise parce qu'il ne se montrait que rarement en public, et en donnant le spectacle singulier d'un ministre de l'église presbytérienne d'Écosse, portant un habit d'une coupe si antique qu'on en chercherait en vain un semblable dans l'assemblée générale du clergé, donnant familièrement le bras à un négociant indien. Les deux amis s'arrêtèrent un moment à la porte extérieure, pour admirer la façade du vieux château où allait se passer une scène de gaieté, telle qu'il n'en avait pas vu depuis long-temps.

Le château des Shaws, quoique décoré du nom de château, n'offrait aucune apparence de fortification; et cet édifice n'avait jamais été construit que pour l'habitation d'une famille paisible. La façade en était peu élevée, et chargée de quelques ornemens de mauvais goût, qui réunissaient, ou plutôt confondaient les genres d'architecture grecque et gothique, comme c'était l'usage sous les règnes de Jacques VI, roi d'Écosse, et de son malheureux fils. La cour formait un petit carré, dont deux côtés étaient occupés par les bâtimens à l'usage de la famille, et le troisième par les écuries, seule partie de tout l'édifice qui fût en très-bon état, M. Mowbray ayant eu soin d'y faire faire toutes les réparations nécessaires. Le quatrième côté du carré était fermé par un mur d'abri, dans lequel était ouverte une porte en face de l'avenue.

Au total, c'était un genre de construction qu'on peut retrouver encore aujourd'hui en Écosse sur ces anciens domaines où la rage de donner à leur habitation un air de parc n'a pas déterminé les propriétaires à abattre les vénérables murailles que leurs pères avaient fait élever pour abriter leurs demeures, et à ouvrir le passage au vent glacial du nord-est. On pourrait comparer cette manie aux prétentions d'une vieille fille de cinquante ans, qui se gèle pour les beaux yeux du public en lui montrant ses bras décharnés, son cou ridé et son sein flétri (1).

Une porte à deux battans, que l'hospitalité tenait ouverte en cette occasion, admettait la compagnie dans un vestibule bas et mal éclairé, où Mowbray en personne, portant le costume de Thésée, mais n'ayant encore ni panache ni le manteau ducal, se tenait pour recevoir ses hôtes, et indiquer à chacun d'eux où il devait se rendre. Ceux qui avaient un rôle à jouer dans la représentation du jour étaient conduits dans un vieux salon destiné à servir de foyer, et communiquant à des appartemens situés sur la droite, où l'on avait disposé à la hâte tout ce qui pouvait être nécessaire pour compléter les toilettes. Ceux qui ne devaient être que spectateurs passaient dans une grande salle sur la gauche, presque sans meubles, ayant autrefois servi de salle à

(1) Ridicule très-commun dans les bals anglais. — Éd.

manger. Une porte vitrée garnie d'un store servait de communication de cet appartement au jardin, où l'on voyait un grand nombre d'ifs et de houx que le vieux jardinier avait encore soin de tailler et d'entretenir d'après les principes qu'un Hollandais a jugé à propos de consacrer dans un poëme didactique sur l'*Ars topiaria*.

Un site pittoresque au milieu duquel se trouvait une belle pelouse de gazon et entouré de grandes haies taillées en murailles, avait été choisi comme le local le plus convenable pour la représentation des tableaux dramatiques. D'abord un terrain couvert de verdure, et montant en colline, offrait un emplacement propice pour placer des sièges pour les spectateurs, qui dominaient complètement sur ce théâtre champêtre; car on avait sacrifié tous les arbrisseaux dont le feuillage eût intercepté la vue. Des paravens, que des domestiques avaient ordre d'enlever au moment convenable, devaient produire le même effet que le lever de la toile dans un spectacle. Une allée couverte en treillage, qui, traversant une autre partie du jardin, aboutissait à une porte ouverte dans l'aile droite du bâtiment, semblait avoir été faite exprès pour servir de communication entre le théâtre et le foyer, d'où les acteurs pouvaient venir sans être aperçus des spectateurs. Des arrangemens aussi commodes avaient même décidé les artistes amateurs, ou du moins ceux qui remplissaient les fonctions de directeurs, à donner plus d'étendue à leur premier plan; et, au lieu d'offrir aux spectateurs un seul groupe, suivant leur intention primitive, ils se trouvèrent en état d'en présenter trois ou quatre, choisis et arrangés dans différentes scènes de la même pièce; ce qui devait prolonger et varier le divertissement, et ce qui en outre avait l'avantage de séparer les scènes tragiques des scènes comiques, et de les faire contraster ensemble.

On se promena quelque temps dans le jardin, mais il n'offrait guère d'intérêt pour personne. Après avoir reconnu divers individus qui, se prêtant à l'humeur du jour, étaient arrivés déguisés en chanteurs de ballades, en marchands forains, en bergers, en montagnards, etc., chacun commença à se diriger vers l'endroit où des sièges avaient été préparés, et où les paravens étendus en face du théâtre annonçaient que les spectateurs devaient se réunir, et faisaient naître l'attente, d'autant plus qu'un écriteau placé au bord de la pelouse portait ces mots, pris dans la pièce même : *Ce boulingrin nous servira de théâtre, et ce buisson d'aubépine de foyer.* Un délai d'environ dix minutes commençait à exciter parmi les spectateurs quelques murmures d'impatience qu'ils avaient peine à retenir, quand le son du violon de Gow se fit entendre derrière une haie où il avait établi son petit orchestre. Le silence se rétablit sur-le-champ, tandis que

Par un air gai d'Écosse il débute avec feu.

Mais, quand il passa à un *adagio*, et que sa musique soupira les accens plaintifs du château de Roslin, les échos du vieux château, si long-temps endormis, se réveillèrent au bruit des applaudissemens que l'Écossais ne manque jamais d'accorder au ménestrel habile qui lui fait entendre les chants de son pays.

— C'est bien le fils de son père, dit Touchwood au

ministre; car ils avaient trouvé le moyen de se placer l'un et l'autre presque au centre de l'assemblée. Il y a bien des années que j'ai entendu le vieux Neil à Inverness; et, pour dire la vérité, je passai même une partie de la nuit avec lui à manger des crêpes et à boire de la bière d'Athol; — je ne m'attendais pas à rencontrer son pareil de mon vivant. Mais chut! le rideau se lève.

On enlevait effectivement les paravens; et l'on vit Hermia, Hélène et leurs amans paraître dans des attitudes annonçant la scène de confusion occasionée par l'erreur du Puck (1).

M. Chatterly et le peintre ne jouèrent leur rôle ni mieux ni plus mal que ne le font ordinairement des acteurs de société. Ce qu'on peut dire de mieux en leur faveur, c'est qu'ils semblaient presque honteux de leurs vêtemens *exotiques* et de la manière dont ils étaient exposés à tous les regards.

Cette faiblesse venait à contre-temps; mais lady Pénélope en était à l'abri, grace à sa triple cuirasse d'amour-propre. Elle minaudait, prenait un maintien maniéré; et, quoique sa taille ne fût pas très-avantageuse, et que le temps n'eût pas respecté des traits qui n'avaient jamais été très-remarquables, elle semblait vouloir fixer tous les regards sur la charmante fille d'Égée. L'air d'humeur qui est dans le rôle d'Hermia devenait naturel en elle par la découverte que miss Mowbray était mieux mise qu'elle; découverte qu'elle venait de faire, attendu que Clara n'avait assisté qu'une seule fois aux répétitions de l'hôtel, et qu'elle n'y avait point paru en costume.

(1) Lutin qui fait prendre à un des amans le philtre amoureux destiné à l'autre. — Éd.

Mais sa Seigneurie ne souffrit pas que le sentiment pénible de l'infériorité à laquelle elle se voyait condamnée à l'instant où elle comptait sur un triomphe l'emportât sur le désir qu'elle avait de briller, pour nuire le moins du monde à la manière dont elle s'était promis de se montrer dans cette scène. Ce genre de divertissement ne permettait guère les gestes ; mais elle s'en dédommagea par une multitude de grimaces, qui, du moins pour la variété, auraient pu le disputer aux changemens rapides que Garrick savait opérer avec tant d'art dans le jeu de sa physionomie. Elle mettait à la torture ses pauvres traits afin de leur donner un air d'amour passionné pour Lysandre ; elle essaya aussi d'y substituer l'expression de l'étonnement et de l'orgueil offensé, quand elle tournait les yeux sur Démétrius ; et enfin elle lança sur Hélène un regard qui imitait le plus heureusement possible celui d'une rivale courroucée, qui, sentant que les larmes ne peuvent suffire pour soulager son cœur, est sur le point d'avoir recours à ses ongles (1).

Il ne pouvait exister un contraste plus frappant dans les regards, dans le maintien et dans la taille, que celui qu'on remarquait entre Hermia et Hélène. Dans ce dernier rôle, les belles formes et le costume étranger de miss Mowbray attiraient tous les yeux. Elle tenait sa place sur le théâtre comme une sentinelle remplit la consigne qui lui a été donnée ; car elle avait dit auparavant à son frère que, quoiqu'elle consentît, pour céder à ses importunités, à jouer son rôle dans cette

---

(1) Hermia dit à Hélène, dans la pièce : — Je ne suis pas encore tombée si bas que mes ongles ne puissent atteindre à tes yeux.

Éd.

représentation, elle n'entendait y figurer que comme faisant partie d'un tableau, et non comme actrice ; et, en conséquence, une figure peinte sur la toile n'aurait guère été plus immobile. L'expression de sa physionomie paraissait être celle du chagrin et de la perplexité appartenant à son rôle ; mais il s'y mêlait de temps en temps un air d'ironie comme si elle avait méprisé ce genre d'amusement, s'en voulant à elle-même d'avoir daigné y prendre part. Un sentiment de timidité avait substitué à sa pâleur habituelle une légère teinte d'incarnat ; et, quand les spectateurs virent ornée de la splendeur et des graces d'un riche costume oriental celle qu'ils avaient été accoutumés à voir jusqu'alors vêtue de la manière la plus simple, ce contraste leur fit éprouver un nouveau charme occasioné par la surprise, de sorte que les applaudissemens semblaient dirigés vers elle seule, non moins sincères que ceux qu'arrache à son auditoire l'acteur de talent.

— Cette pauvre lady Pénélope ! dit l'honnête mistress Blower, qui, ayant une fois surmonté les scrupules que lui inspirait ce genre de divertissement, commençait à y prendre un intérêt particulier ; j'ai vraiment compassion de sa pauvre figure, car elle lui donne autant d'ouvrage qu'en avaient les voiles du navire de mon pauvre défunt par un ouragan. Oh ! docteur *Cackleben*, ne pensez-vous pas qu'elle aurait besoin, s'il était possible, qu'on lui passât sur le visage un fer pour rabattre un peu ses rides ?

— Chut ! chut ! ma bonne et chère mistress Blower, répondit le docteur ; lady Pénélope est une femme de qualité, je suis son médecin, et ces personnes-là jouent toujours parfaitement. Vous devez comprendre qu'on ne siflle jamais à un spectacle de société. Hem !

— Vous pouvez dire ce que vous voudrez, docteur, mais il n'y a rien de si fou qu'une vieille folle. Si elle était aussi jeune et aussi belle que miss Mowbray, à la bonne heure. Ce n'est pas que j'aie jamais trouvé miss Mowbray trop belle ; mais le costume.... le costume fait une grande différence. Ce schall qu'elle a, j'ose dire qu'on n'en a jamais vu un pareil en Écosse ; c'est un vrai schall des Indes, je le gagerais.

— Un vrai schall des Indes! répéta M. Touchwood avec un accent de dédain qui troubla un peu l'air de sérénité de mistress Blower. Et pour quoi voudriez-vous donc qu'on le prit, madame?

— Je n'en sais rien, monsieur, répondit la veuve en se serrant contre le docteur ; car, comme elle en convint ensuite, le ton un peu brusque du voyageur et son air étranger n'étaient pas tout-à-fait de son goût. Reprenant ensuite courage et arrangeant son schall sur ses épaules, elle ajouta : — On fait de beaux schalls à Paisley, et vous auriez de la peine à les distinguer de ceux des pays étrangers.

— Ne pas distinguer des schalls de Paisley de ceux des Indes, madame! Rien qu'en y touchant du bout du petit doigt un aveugle les distinguerait. Ce schall est le plus beau que j'aie encore vu dans la Grande-Bretagne ; et, même à cette distance, je puis prononcer que c'est un vrai *tozie*.

— Le schall et celle qui le porte peuvent être aussi *cossus* (1) l'un que l'autre, monsieur ; et à présent que

---

(1) Dans le texte, mistress Blower entend *cozu* pour *tozie*, et ce mot prête à l'équivoque. — Tr.

je le regarde une seconde fois, je déclare qu'il est d'une beauté parfaite.

— Je vous ai dit *tozie*, madame, et non *cossu*. Les schroffs de Surate m'ont dit qu'on les fabrique avec le duvet qui se trouve sous les longs poils de chèvres.

— Vous voulez dire des moutons, monsieur, car les chèvres n'ont pas de laine.

— Je vous dis, madame, qu'on n'y emploie que le duvet que les chèvres portent sur la peau. Et la supériorité des couleurs! Ce *tozie* que vous voyez conservera sa couleur tant qu'il en existera un haillon. On les lègue à ses petits-enfans.

— Oui, la couleur en est avenante. Quelque chose comme dos de souris, — un peu plus foncé pourtant ; je voudrais bien savoir comment on l'appelle.

— C'est une couleur très-admirée dans l'Inde, madame, dit Touchwood, qui était tombé sur un sujet favori. Les musulmans disent qu'elle tient le milieu entre la couleur de l'éléphant et celle du *faughta*.

— En vérité, monsieur, je ne suis pas plus savante que je ne l'étais.

— Le *faughta*, madame, ainsi nommé par les Maures, et que les Indous appellent *hollah*, est une espèce de pigeon que les musulmans des Indes considèrent comme sacré, parce qu'ils pensent qu'il s'est teint la poitrine dans le sang d'Ali. Mais je vois qu'on étend les paravens. — M. Cargill, composez-vous un sermon, mon cher ami? A quoi diable pensez-vous?

Pendant presque toute la scène, M. Cargill, presque sans s'en apercevoir, avait eu les yeux constamment fixés, et avec la plus vive attention, sur Clara Mowbray. Lorsque la voix de son compagnon le tira de sa rêverie, il s'écria : — Qu'elle est aimable! Qu'elle est malheureuse! Il faut que je la voie! je la verrai.

— Vous la verrez, dit Touchwood, trop accoutumé aux singularités de son ami pour chercher de la raison et de la liaison dans ce qu'il disait; parbleu! vous la verrez, et même vous lui parlerez si cela vous fait plaisir. On assure, ajouta-t-il en baissant la voix, que Mowbray est ruiné. J'ai peine à le croire, puisqu'il peut parer sa sœur comme une *Begum* de l'Inde. Avez-vous jamais vu un schall aussi splendide?

— Splendeur achetée bien cher! dit M. Cargill en poussant un profond soupir; plût au ciel que le prix en fût payé!

— J'en doute, répondit le voyageur; il est probablement porté sur les livres du marchand, et, quant au prix, j'ai vu donner sur les lieux mille roupies d'un schall tel que celui-là. Mais, chut! j'entends Nathael qui prélude. Eh! sur ma foi, voilà qu'on emporte les paravens! Eh bien! ils ont pitié de nous; ils ne nous font pas attendre long-temps; les entr'actes de leurs folies ne sont pas longs : j'aime un feu vif et roulant dans les vanités du monde. Quand la folie marche à pas lents, comme si elle suivait un convoi, et qu'elle donne à ses grelots le son d'une cloche d'enterrement, ce n'est certes pas très-gai.

Une musique qui commença par un mouvement lent et qui se termina par un allégro plein de vivacité, introduisit sur la scène ces créations délicieuses de l'imagination la plus riche qui ait jamais enfanté des prodiges, l'Oberon et la Titania de Shakspeare. La majesté lilliputienne du capitaine de la troupe des fées n'était pas mal représentée par miss Maria Diggs, dont la modestie ne mettait pas de grands obstacles au désir qu'elle avait de le montrer dans toute sa dignité. Elle connaissait déjà l'agrément d'une jambe fine et bien prise, entourée d'un rang de perles et couverte d'un bas de soie couleur de chair, aussi délié qu'une toile d'araignée, et d'un petit pied placé dans une sandale cramoisie. Sa tiare enrichie de pierres précieuses donnait de la noblesse à l'air sérieux avec lequel le roi des fées salua son épouse, lorsque chacun d'eux entra sur la scène à la tête de son cortège.

On avait pris en considération l'impossibilité où sont les enfans de rester en place, et cette partie de la représentation avait été arrangée de manière à former une pantomime plutôt qu'un tableau. La petite reine des fées ne se montra pas au-dessous de son seigneur et maître, et elle lui adressa un regard vraiment féminin d'impatience et de mépris, pour le payer du compliment hautain qu'il lui fait en l'abordant avec un air d'humeur, en lui disant :

> C'est bien mal à propos que par ce clair de lune
> Je vous rencontre ici, fière Titania.

Quant aux autres enfans, comme c'est l'ordinaire, les uns montraient de l'aisance et de la grace, les autres étaient gauches et maladroits. Mais les moindres efforts des enfans sont toujours accueillis par des applaudissemens que leur donnent, peut-être avec un mélange d'envie et de pitié, ceux qui sont plus avancés en âge. D'ailleurs il y avait dans la compagnie des papas et des mamans dont l'approbation bruyante, quoique paraissant accordée à tous les acteurs, était intérieurement destinée à leurs petits Jacks et à leurs petites Marias; car *Marie*, quoique le plus joli et le plus classique de tous les noms jadis usités en Écosse, est maintenant inconnu en ce pays. Les fées jouèrent donc leur rôle, dansèrent quelques pas, et disparurent au milieu des applaudissemens.

La farce, comme on peut l'appeler, de Bottom et de ses compagnons parut ensuite sur le théâtre, et des applaudissemens plus bruyans que jamais accueillirent le jeune comte, qui, avec autant de goût que de dextérité, s'était métamorphosé en bouffon athénien. Il avait strictement observé le costume grec, mais en le distinguant si judicieusement de celui des personnages d'un rang plus élevé, qu'il était impossible de ne pas reconnaître en lui sur-le-champ le grossier artisan d'Athènes. Touchwood fut celui qui exprima le plus haut son approbation, et nous devons en conclure que le costume était très-correct; car si le digne nabab, de même que bien des critiques, ne se distinguait point par un excellent goût, il avait pourtant une mémoire excellente pour tout ce qui tenait aux plus petits faits; et, tandis que le geste ou le regard plus pathétique d'un acteur n'aurait pu lui inspirer le moindre intérêt, il aurait critiqué très-sévèrement la coupe d'une manche et la couleur d'un ruban de soulier.

Mais tout le mérite du comte d'Etherington ne se borna pas aux agrémens extérieurs; car, si la fortune l'avait abandonné, ses talens, comme ceux d'Hamlet, auraient pu le faire recevoir dans une troupe de comédiens. Il représenta, quoique en pantomime, toute la suffisance dogmatique de Bottom, à l'amusement infini de tous les spectateurs, et surtout de ceux qui connaissaient déjà la pièce; puis, quand il eut été métamorphosé par Puck, il porta la nouvelle dignité qu'il venait d'acquérir avec l'air de sentir si bien sa grandeur, malgré la tête d'âne qui lui était tombée sur les épaules, que cette métamorphose, déjà assez sensible en elle-même, en devint doublement comique. Il conserva son caractère dans ses entrevues avec les fées, et dans celles qu'il eut avec MM. Cobweb, Mustard-Seed et Pease-Blossom (1), et les autres chevaliers de Titania, qui ne purent garder leur sérieux en voyant la gravité avec laquelle il les invitait à lui gratter la tête.

Le divertissement se termina par la rentrée en scène de tous les personnages. Mowbray conclut que le jeune comte, sans être remarqué lui-même, aurait eu assez de temps pour examiner au moins les charmes extérieurs de Clara, que, dans l'orgueil de son cœur, il ne pouvait s'empêcher de regarder, avec son costume et tous les secours de l'art, comme bien au-dessus de la brillante Amazone, lady Binks elle-même. Il est vrai que Mowbray n'était pas homme à donner la préférence aux traits nobles de la pauvre Clara sur les charmes de la dame fière comme une sultane, dont la physionomie mobile promettait à son adorateur toutes les expressions variées d'un caractère ardent et impétueux, peu accoutumé à se contraindre et méprisant les avis. Cependant, pour lui rendre justice, quoique la préférence qu'il donnait à sa sœur prît peut-être sa source dans l'affection fraternelle plutôt que dans la pureté de son goût, il est certain qu'en cette occasion il reconnut la supériorité de Clara dans toute son étendue. On voyait sur ses lèvres un sourire de satisfaction et d'orgueil, lorsqu'à la fin du divertissement il demanda au comte s'il

---

(1) Toile d'araignée, grain de moutarde, fleur de pois. — Tr.

était content. Les autres acteurs avaient quitté le théâtre; mais le jeune lord y était encore occupé à se débarrasser de son étrange coiffure, lorsque Mowbray lui adressa cette question; et quoiqu'elle lui fût faite en termes généraux, il y attacha un sens particulier.

— Je consentirais à porter éternellement ma tête d'âne, lui répondit-il, pourvu que mes yeux fussent toujours aussi agréablement employés qu'ils l'ont été pendant cette dernière scène. Mowbray, votre sœur est un ange.

— Prenez garde, milord, que votre parure de tête ne vous ait gâté le goût. Mais pourquoi avez-vous conservé cette ridicule coiffure en paraissant dans la dernière scène? Il me semble que vous deviez vous y montrer tête découverte.

— Je rougis presque de répondre à cette question. Mais la vérité est que je regarde les premières impressions comme importantes, et c'est ce qui m'a fait penser que je ne devais pas me montrer à votre sœur, pour la première fois, sous le costume de Bottom.

— Vous allez donc changer de costume pour le dîner, milord, si l'on peut donner ce nom à un repas sans cérémonie?

— Je vais à l'instant dans mon appartement pour travailler à cette métamorphose.

— Et moi je vais dire quelques mots pour congédier mon auditoire; car je vois que chacun reste en place dans l'attente de quelque nouveau tableau.

Ils se séparèrent, et Mowbray portant encore le costume de Thésée, duc d'Athènes, s'avança devant les spectateurs, et leur annonça la fin des tableaux dramatiques que les amateurs avaient eu l'honneur de leur présenter, les remerciant en leur nom de l'accueil favorable qu'ils avaient bien voulu leur faire, et ajoutant que s'ils pouvaient s'amuser à se promener environ une heure dans le jardin, une cloche les avertirait quand on aurait préparé quelques rafraîchissemens qu'on se disposait à leur offrir.

Cette annonce fut reçue avec les applaudissemens qui sont toujours dus à l'amphitryon chez qui on dîne; et les spectateurs, quittant les sièges qu'ils avaient occupés devant le théâtre, se dispersèrent dans le jardin, qui était d'une assez grande étendue, pour y chercher quelques passe-temps. La musique les aida beaucoup dans cette recherche, et peu d'instans après on vit une douzaine de couples

Sur le gazon danser d'un pied léger,

(j'aime les expressions poétiques) sur l'air de *Monymusk*.

D'autres continuèrent à se promener dans le jardin, rencontrant au bout de chaque allée quelque personnage déguisé d'une manière bizarre, et communiquant aux autres le plaisir qu'ils en recevaient eux-mêmes. La variété des costumes, la facilité que le travestissement donnait à ceux qui avaient de l'esprit et de la gaieté de s'y livrer sans réserve, la disposition où chacun se trouvait de s'amuser et d'amuser les autres, rendaient cette petite mascarade infiniment plus gaie que les fêtes du même genre pour lesquelles on fait de magnifiques apprêts. Il y avait aussi un contraste aussi singulier qu'agréable entre les figures fantastiques qui erraient au hasard dans le jardin, et le paysage paisible qu'offrait le jardin lui-même, où les haies et les arbustes taillés à l'ancienne mode, la distribution régulière du terrain, et deux fontaines ornées de cascades artificielles dont les nymphes avaient été requises de reprendre ce jour-là leurs anciennes fonctions, répandaient partout un air de simplicité champêtre qui semblait appartenir à la génération passée plutôt qu'à celle dont nous faisons partie.

CHAPITRE XXI.

EMBARRAS.

« La danse, la gaîté, les festins et les chœurs,
» Sont autant de chemins qu'amour jonche de fleurs. »
SHAKSPEARE. *Peines d'amour perdues.*

« Bonnes gens, bon voyage!
» La scène en ce moment se charge d'un nuage. »
SHAKSPEARE. *Même pièce.*

M. Touchwood et son inséparable ami, M. Cargill, se promenaient au milieu des groupes joyeux que nous venons de décrire, le premier critiquant avec un profond mépris les efforts maladroits que faisaient plusieurs personnages pour imiter les manières orientales, et faisant remarquer à son compagnon, avec un air satisfait de lui-même, la supériorité avec laquelle il les copiait lui-même, en saluant en Maure ou en Persan les différentes têtes à turban qu'il rencontrait; tandis que le ministre, dont l'esprit semblait occupé de quelque projet important, cherchait de tous côtés la beauté qui venait de représenter Hélène, mais sans réussir à l'apercevoir. Enfin il entrevit ce mémorable schall qui avait entraîné son compagnon dans une discussion si savante, et, quittant Touchwood avec une vivacité inquiète tout-à-fait étrangère à ses habitudes, il s'efforça de joindre la personne qui le portait.

— De par le ciel! s'écria le nabab, le docteur a perdu l'esprit; il est devenu fou, fou à lier, cela est évident. Comment diable se fait-il que, lui qui est à peine en état de trouver son chemin de l'auberge du *Croc* à son presbytère, il se hasarde à marcher seul au milieu d'une telle scène de confusion! Autant vaudrait qu'il essayât de traverser l'Atlantique sans pilote. Il faut que je lui donne la chasse, de peur qu'il ne lui arrive malheur.

Mais ce projet d'ami rencontra des obstacles. Au bout de l'allée dans laquelle était Touchwood, il se vit arrêté par un groupe dont le centre était occupé par le capitaine Mac Turk, qui persiflait deux faux montagnards pour en avoir pris le jupon avant d'avoir appris le langage gaëlique. Les termes d'insulte et de mépris avec lesquels le véritable Celte foudroyait les Celtes prétendus n'étaient guère intelligibles pour ces pauvres diables que par le ton et les gestes de l'orateur; mais ils annonçaient une si grande colère, que les infortunés qui l'avaient provoquée par le choix imprudent qu'ils avaient fait de leur déguisement (c'étaient deux jeunes citadins imberbes venus d'une certaine ville célèbre par ses manufactures), se repentaient de tout leur cœur de leur témérité, et cherchaient à sortir du jardin par le chemin le plus court, préférant renoncer à leur part du dîner, plutôt que de s'exposer aux conséquences qui pouvaient résulter du déplaisir de ce Termagant montagnard.

Touchwood s'était à peine frayé un chemin à travers ce groupe, pour continuer à chercher le ministre, que sa course fut interrompue par une troupe de marins, ayant à leur tête sir Bingo Bings, qui, pour jouer au naturel son rôle de contre-maître ivre, avait certes les vrais symptômes de l'ivresse, quoiqu'il n'eût nullement l'air d'un marin. Avec une bordée de juremens qui auraient fait sauter en l'air une flotte tout entière, il ordonna à Touchwood de venir dans ses eaux, attendu que, quoiqu'il ne fût qu'une vieille carcasse mal radoubée, il fallait qu'il se mît encore en mer.

— En mer? répondit Touchwood à l'instant, de tout mon cœur; mais non pas avec un marin d'eau douce pour commandant. — Dites-moi, camarade, savez-vous quels sont les objets d'équipement pour la cavalerie qu'il faut sur un navire?

— Allons, allons, mon vieux! ne faites pas le mauvais plaisant. — Des objets d'équipement de cavalerie! et comment diable un navire en aurait-il besoin? Croyez-vous que nous appartenions à la cavalerie navale? — Ah! ah! camarade, je crois que vous avez trouvé à qui parler.

— Comment, goujon, vous qui n'avez jamais vogué plus loin que l'île des Chiens (1), vous prétendez jouer le rôle de marin, et vous ne connaissez seulement pas la bride de la bouline, la selle du beaupré, la sangle pour

(1) Ile formée par la Tamise, auprès de Londres. — É.D.

hisser les agrès, le mors du câble, le fouet des palans (1).
Voilà pour vous apprendre à vouloir soumettre à la
presse un marin licencié. — Croyez-moi, virez de bord,
ou j'appellerai un constable pour qu'il conduise à la
maison de correction le chef de presse et tous ses compagnons.

Un éclat de rire général suivit ce discours ; mais
comme les rieurs n'étaient pas pour sir Bingo, il ne
trouva rien de mieux à faire que de suivre le conseil
de son antagoniste ; et faisant une pirouette sur le talon,
il s'en alla en s'écriant : — Au diable le vieux railleur !
qui se serait attendu à trouver tant de termes de marine sous son vieux bonnet de nuit de mousseline !

Touchwood, devenant alors un objet d'attention,
fut suivi par quelques rôdeurs, dont il s'efforça de se
débarrasser en montrant une impatience qui ne convenait pas trop au décorum de la gravité orientale, mais
excitée par son désir de rejoindre son compagnon, et
la crainte qu'il ne lui fût arrivé quelque mésaventure
depuis qu'il l'avait perdu de vue ; car, quoiqu'il eût un
aussi bon naturel que personne au monde, M. Touchwood était aussi celui de tous les hommes qui avait la
meilleure opinion de soi-même, et il était toujours disposé à supposer que sa présence, ses avis, son secours
étaient indispensables à ceux avec qui il vivait, non-
seulement dans des occasions importantes, mais dans
les événemens les plus ordinaires de la vie.

Cependant M. Cargill ne perdait pas de vue le beau
schall des Indes, pavillon qui lui faisait reconnaître le

(1) Traduction littérale des termes de marine anglaise ; les expressions correspondantes françaises détruiraient l'équivoque. — Tr.

navire auquel il donnait la chasse. Enfin il se trouva assez près pour lui dire à voix basse, mais d'un ton empressé:

— Miss Mowbray! miss Mowbray! il faut que je vous parle.

— Et qu'avez-vous à dire à miss Mowbray? lui demanda la dame qui portait le schall, mais sans tourner la tête du côté du ministre.

— J'ai un secret, un important secret à vous communiquer; mais ce ne peut être en cet endroit. Ne vous éloignez pas. Votre bonheur en ce monde, et peut-être dans l'autre, exige que vous m'écoutiez.

La dame, comme pour lui fournir le moyen de l'entretenir sans témoins, le conduisit vers un de ces anciens cabinets de verdure situés dans les bosquets les plus touffus, tels qu'on en trouve souvent dans les jardins semblables à ceux du château des Shaws; ayant drapé son schall autour de sa tête, de manière que ses traits étaient à demi-voilés, elle s'arrêta sous l'ombre épaisse d'un gros platane dont les branches entrecroisées formaient un dôme sur cet endroit, et elle sembla attendre ce qu'il avait à lui dire.

— Le bruit court, dit le ministre avec une sorte d'empressement et de hâte, mais à voix basse et en homme qui ne voulait être entendu que par celle à qui il s'adressait; le bruit court que vous allez vous marier.

— Et a-t-on la bonté de dire avec qui? demanda la dame d'un ton d'indifférence qui parut confondre le questionneur.

— Jeune dame, répondit-il d'une voix solennelle, si l'on m'avait affirmé sous serment que vous aviez parlé avec cette légèreté, j'aurais refusé de le croire. Avez-vous oublié les circonstances dans lesquelles vous vous trouvez? Ne vous souvenez-vous plus de la promesse que j'ai faite de garder le secret? et je n'aurais peut-être pas dû faire cette promesse, qui n'a été que conditionnelle. Avez-vous pensé qu'un être qui mène une vie aussi retirée que la mienne fût déjà entièrement mort au monde, quand il rampe encore sur sa surface? Apprenez, jeune dame, que si je suis mort aux plaisirs et aux vanités de la vie humaine, je vis encore pour en remplir les devoirs.

— Sur mon honneur, monsieur, à moins qu'il ne vous plaise de vous expliquer plus clairement, il m'est impossible de vous répondre, et même de vous comprendre. Vous parlez trop sérieusement si vous ne faites qu'une plaisanterie de mascarade; mais votre langage est trop obscur si vous avez des intentions sérieuses.

— Miss Mowbray, dit le ministre avec une nouvelle chaleur, que dois-je penser de la manière dont vous me parlez? Est-ce humeur? est-ce légèreté? est-ce aliénation d'esprit? Mais, même après un transport au cerveau, nous gardons le souvenir des causes de notre maladie. Allons, vous m'entendez, vous devez m'entendre, quand je vous dis que je ne puis consentir que vous commettiez un crime pour vous procurer un rang et des richesses terrestres. Je ne le souffrirais pas, quand il s'agirait de vous faire impératrice. Mon chemin est tracé, et si j'entends dire encore un mot de votre alliance avec ce comte, ou quel qu'il puisse être, songez-y bien, je déchirerai le voile, et je ferai connaître à votre frère, à votre prétendu, au monde entier, les causes qui vous empêchent de contracter l'union que vous avez en vue, sans contrevenir, je suis obligé de le dire, aux lois de Dieu et à celles des hommes.

— Mais, monsieur, répondit la dame d'un ton qui annonçait plus de curiosité que d'inquiétude, vous ne m'avez pas encore dit en quoi mon mariage vous concerne, et quels motifs vous pouvez avoir pour le blâmer.

— Dans la situation d'esprit où je vous trouve, miss Mowbray, dans le lieu où nous sommes, dans le moment actuel, c'est un sujet sur lequel je ne puis converser avec vous; et d'ailleurs je suis fâché d'avoir à dire que vous n'y êtes nullement préparée. Il me suffit de vous avoir ouvert les yeux sur votre position. Dans une circonstance plus favorable je chercherai à vous faire sentir, comme c'est mon devoir, l'énormité du crime qu'on dit que vous avez dessein de commettre, et j'agirai en cela avec la liberté d'un homme qui, malgré son humble condition, est appelé à expliquer à ses semblables les lois de son Créateur. En attendant, et d'après l'avertissement que je viens de vous donner, je ne crains pas que vous fassiez une démarche précipitée.

A ces mots il se retira avec cet air de dignité que donne la conscience d'un devoir qu'on vient de remplir, mais avec une affliction profonde, causée par le ton de légèreté qu'il venait de remarquer. La dame ne fit aucun effort pour le retenir, et entendant des voix qui annonçaient l'approche de quelques personnes, elle sortit du cabinet de verdure et s'en alla du côté opposé.

Le ministre, qui suivait une autre allée, y rencontra un couple qui causait à demi-voix, mais dont le ton de familiarité fut remplacé par un air plus cérémonieux lors de l'arrivée soudaine de M. Cargill. C'étaient lady Binks et le comte d'Etherington ; et la belle reine des Amazones semblait avoir pris pour Bottom la partialité que Titania lui avait montrée quelques instans auparavant. — Elle était en conférence secrète avec le ci-devant représentant du tisserand d'Athènes, métamorphosé en ancien cavalier espagnol depuis son retour de sa chambre. Il portait alors le manteau brodé, le chapeau à plumes flottantes, l'épée, le poignard, la guitare. Enfin, son costume riche annonçait le galant qui va donner une sérénade à sa maîtresse. Un masque de soie était suspendu à une boutonnière de son gilet brodé, pour être prêt à lui servir en cas de besoin, comme faisant une partie nécessaire du costume national.

Il arrivait quelquefois à M. Cargill, et nous croyons qu'il peut en arriver autant à tous ceux qui sont sujets à des distractions, que, contre sa coutume, et à peu près de la même manière qu'un rayon du soleil, perçant tout à coup un brouillard, éclaire un objet particulier dans le paysage qu'on a sous les yeux, un souvenir soudain s'offrait à son esprit, et le forçait à agir comme s'il eût éprouvé l'influence d'une certitude et d'une conviction complètes. En cette occasion il n'eut pas plus tôt jeté les yeux sur le cavalier espagnol, en qui il ne reconnut ni le comte d'Etherington, qu'il n'avait jamais vu, ni Bottom, qu'il avait déjà oublié, qu'il lui saisit une main qui semblait vouloir se refuser à toucher la sienne, et il s'écria avec émotion et empressement : — Que je suis charmé de vous voir ! le ciel vous a envoyé ici fort à propos.

— Je vous remercie, monsieur, répondit lord Etherington avec la plus grande froideur; mais je crois que le plaisir de cette rencontre est tout entier de votre côté, car je ne me souviens pas de vous avoir jamais vu.

— Ne vous nommez-vous pas Bulmer? Je..... je sais qu'il m'arrive quelquefois de commettre des méprises, mais bien certainement Bulmer est votre nom.

— Ni moi ni aucun de mes parrains n'en avons jamais entendu parler, répondit le comte avec un air de politesse froide. Je me nommais Bottom il y a une demi-heure, et c'est peut-être ce qui jette un peu de confusion dans vos idées. Permettez-moi de passer, monsieur, et d'accompagner madame.

— Cela est inutile, dit lady Binks, je vous laisse arranger votre reconnaissance avec votre nouvel ancien ami, milord, il paraît avoir quelque chose à vous dire; et à ces mots elle s'éloigna, n'étant peut-être pas fâchée d'avoir trouvé cette occasion de montrer un air d'indifférence pour la société du comte, en présence d'un homme qui venait de les surprendre dans ce qui pouvait lui avoir paru un moment d'intimité excessive.

— Vous me retenez, monsieur, dit le comte d'Etherington au ministre, qui, quoique flottant dans le doute et l'incertitude, restait pourtant placé devant le jeune lord de manière à ce qu'il était impossible de passer sans pousser M. Cargill d'un côté ou de l'autre. — Il faut réellement que je rejoigne cette dame, ajouta-t-il en faisant un nouvel effort pour suivre lady Binks.

— Jeune homme, dit le ministre d'un ton solennel, vous ne pouvez vous déguiser à moi. Je suis sûr, je suis convaincu que vous êtes M. Bulmer, que le ciel a envoyé ici pour prévenir un crime.

— Et vous, répondit le lord, vous que je suis convaincu de n'avoir jamais vu de ma vie, vous êtes envoyé ici par le diable pour y apporter la confusion.

— Je vous demande pardon, monsieur, dit Cargill, dont le ton d'assurance du comte commençait à ébranler la conviction; je vous demande pardon si je commets une méprise, c'est-à-dire si j'en commets une véritable; mais non, je n'en commets pas; il est impossible que j'en commette une. — Ce regard, ce sourire, non, je ne me trompe pas; vous êtes Valentin Bulmer. Ce même Valentin Bulmer que je..... Mais je ne veux pas faire ici de vos affaires particulières un sujet de conversation. Il me suffit de savoir que vous êtes Valentin Bulmer.

— Valentin? Valentin? — Je ne suis ni Valentin ni Orson (1), monsieur, et je vous souhaite le bonjour.

— Un instant, monsieur, un instant, s'il vous plaît. Si vous ne voulez pas vous faire connaître à moi, c'est peut-être parce que vous ne me reconnaissez pas moi-même. Permettez-moi donc de vous dire que celui qui vous parle est le révérend Josiah Cargill, ministre de Saint-Ronan.

— Si vous êtes revêtu de ce caractère respectable, monsieur, ce qui m'est indifférent, je crois que lorsque votre coup du matin vous porte ainsi au cerveau, vous devriez rester chez vous et garder le lit, au lieu de venir en compagnie.

— Au nom du ciel! jeune homme, cessez des plaisanteries si indécentes et si peu convenables, et dites-

---

(1) Allusion aux deux héros d'un roman populaire de la *Bibliothèque bleue*. — ÉD.

moi si vous n'êtes pas, comme je crois encore que vous l'êtes, le même individu qui, il y a environ sept ans, m'a laissé en dépôt un secret solennel que je ne pourrais divulguer à un autre sans remplir mon cœur d'amertume, et sans risquer de donner lieu aux plus fatales conséquences?

— Vous êtes pressant avec moi, monsieur, dit le comte, et en retour je vous répondrai avec franchise : —Je ne suis pas l'individu pour lequel vous me prenez, et vous pouvez aller le chercher où bon vous semblera. Dans le cours de vos recherches, je vous croirai encore plus heureux si vous retrouvez votre esprit, car je vous dirai franchement que je crois que vous l'avez perdu.

En finissant ces mots il fit un geste qui annonçait une intention positive d'avancer, et M. Cargill n'eut d'autre alternative que de s'écarter pour le laisser passer.

Le digne ministre resta immobile, comme s'il avait pris racine, et se livrant à son habitude de penser tout haut, il s'écria :

— Mon imagination m'a joué bien des tours, mais celui-ci passe tous les autres. Que peut penser de moi ce jeune homme? Il faut que ce soit la conversation que je viens d'avoir avec cette infortunée qui ait fait assez d'impression sur moi pour me fasciner les yeux, et me faire rattacher à mon histoire la figure du premier étranger que j'ai rencontré. Mais que *doit-il* penser de moi?

— Ce qu'en pensent tous ceux qui vous connaissent, lui répondit son ami Touchwood en le frappant sur l'épaule pour éveiller son attention; c'est-à-dire que vous êtes un malheureux philosophe de Laputa qui a perdu son *flapper* (1) dans la foule. Allons, suivez-moi. Une fois à mon côté, vous n'avez plus rien à craindre. Mais à présent que je vous envisage, vous avez l'air d'avoir vu un basilic. Ce n'est pourtant pas qu'il en existe, sans quoi j'en aurais vu moi-même quelqu'un dans le cours de mes voyages. Mais vous êtes pâle, vous semblez interdit, effrayé ; que diable avez-vous donc ?

— Rien ; si ce n'est que je viens à l'instant même de faire une insigne folie.

— N'est-ce que cela ? Il n'y a pas de quoi pleurer, prophète. L'homme le plus sage en fait autant au moins deux fois par jour.

— Mais j'ai été sur le point de dévoiler à un étranger un secret important qui touche l'honneur d'une noble famille.

— Vous avez tort, Docteur ; prenez-y garde à l'avenir. Quant à moi je vous conseillerais de ne jamais parler, même à votre bedeau Willie Watson, sans vous être assuré, au moins par trois questions et autant de réponses, que c'est bien lui en corps et en personne que vous avez sous les yeux, et que votre imagination n'a pas prêté à quelque étranger la perruque rousse et l'habit brun râpé de l'honnête Willie. Allons, venez, venez.

A ces mots il entraîna le ministre déconcerté, qui allégua en vain tous les prétextes qu'il put imaginer

---

(1) *Flapper*, tapeur ; serviteur dont se servaient les savans de l'île imaginaire de Swift, pour rappeler leur mémoire. Ce serviteur était armé d'une vessie pleine de pois secs, avec laquelle il touchait l'organe dont son maître avait besoin de réveiller l'attention pour voir ou pour écouter, pour parler ou pour exercer le sens du tact. Voyez les *Voyages de Gulliver*. — Éd.

pour se dispenser de rester plus long-temps aux Shaws, et se dérober à une scène de gaieté dans laquelle il se trouvait si inopinément engagé. Il voulut s'excuser sur un mal de tête; son ami l'assura que le dîner et quelques verres de vin le dissiperaient complètement. Il prétendit ensuite qu'il avait des affaires; Touchwood lui répondit qu'il ne pouvait en avoir d'autres que de préparer son sermon pour le dimanche suivant, et qu'il lui restait encore deux jours tout entiers. Enfin il avoua qu'il avait quelque répugnance à revoir l'étranger qu'il avait si obstinément voulu reconnaître à cause d'une ressemblance qui, comme il en était maintenant persuadé, n'existait que dans son imagination. Le voyageur traita ce scrupule avec mépris, et lui dit que des convives qui se rassemblaient en si grand nombre, en pareille occasion, n'avaient pas plus affaire les uns aux autres que s'ils se rencontraient dans un caravansérail.

— Ainsi donc, continua-t-il, vous n'avez pas besoin de lui adresser un seul mot par forme d'apologie ou autrement; mais, ce qui vaut encore mieux, moi qui ai vu le monde, je me chargerai de lui parler pour vous.

Touchwood, tout en adressant ses répliques au ministre, l'entraînait du côté de la maison où la compagnie se rassemblait au son de la cloche, dans le vieux salon dont nous avons déjà parlé, avant de passer dans la grande salle à manger où étaient préparés les rafraîchissemens.

— Maintenant, Docteur, dit au ministre son ami officieux, désignez-moi lequel de tous ces gens-là a été l'objet de votre bévue. Est-ce ce montagnard? Est-ce cet impertinent qui veut se faire passer pour un contre-maître? Lequel est-ce enfin? Ah! les voilà qui passent deux à deux, à la manière de Newgate. Le jeune seigneur du château avec la vieille lady Pénélope; veut-il se donner pour un Ulysse? Je doute qu'il en soit un. Le comte d'Etherington avec lady Binks. Il me semble qu'il aurait dû donner la main à miss Mowbray.

— De qui parlez-vous? s'écria le ministre. Est-ce de ce jeune homme en habit espagnol? Se peut-il que ce soit un comte?

— Oh! oh! dit le voyageur, ai-je donc découvert le lutin qui vous a effarouché? Venez, venez, vous dis-je; je vais vous faire faire connaissance avec lui.

En même temps il l'entraîna du côté du comte; et, avant que le ministre eût pu lui faire comprendre sa répugnance, la cérémonie de sa présentation avait déjà eu lieu.

— Lord Etherington, permettez-moi de vous présenter M. Cargill, ministre de cette paroisse, homme savant, mais dont l'esprit est souvent dans la Terre-Sainte quand son corps est au milieu de ses amis. Il a le plus grand regret d'avoir pris Votre Seigneurie Dieu sait pour qui; mais quand vous le connaîtrez, vous verrez qu'il est capable de faire des méprises cent fois plus étranges, et par conséquent nous espérons que Votre Seigneurie ne se regardera pas comme offensée.

— On ne peut se croire offensé par celui qui n'a pas eu dessein de commettre une offense, répondit le comte avec beaucoup d'urbanité. Ce serait moi qui devrais m'excuser auprès de monsieur, de la manière brusque avec laquelle je l'ai quitté sans lui donner le temps nécessaire pour un éclaircissement. J'espère qu'il voudra bien me le pardonner; j'accompagnais alors une dame, et cette circonstance rend mon impatience excusable.

M. Cargill avait les yeux fixés sur le jeune comte, tandis que celui-ci s'exprimait avec le ton d'aisance nonchalante d'un homme qui croit devoir adresser quelque mot d'excuses à un inférieur pour soutenir sa réputation de politesse, et qui du reste s'inquiète peu s'il en sera satisfait. Et plus le ministre le regardait et l'écoutait, plus la forte conviction qu'il avait eue que le comte d'Etherington et le jeune Valentin Bulmer étaient la même personne s'évanouissait comme la gelée blanche disparaît sous le premier rayon du soleil du matin. Il s'étonnait même d'avoir jamais pu le croire. Une ressemblance réelle dans les traits pouvait avoir produit en lui cette illusion; mais il y avait une différence totale dans la taille, dans le ton, dans la manière de s'exprimer; et, comme c'était sur quoi son attention se dirigeait plus particulièrement en ce moment, il était porté à croire qu'il avait confondu deux personnages parfaitement distincts l'un de l'autre.

Le ministre, après avoir balbutié quelques mots d'apologie, voulait se retirer vers le bas de la table, où sa modestie le portait à croire qu'il se trouverait plus convenablement placé; mais lady Pénélope Penfeather le retint par le bras en lui disant, de l'air le plus gracieux et le plus persuasif, qu'elle voulait absolument faire sa connaissance, et qu'il fallait qu'il se plaçât près d'elle à la table. Elle avait tant entendu parler de son savoir et de l'excellence de son caractère, elle avait si long-temps désiré de le voir, qu'elle ne pouvait se résoudre à laisser échapper une occasion que l'amour de M. Cargill pour la retraite rendait si rare. En un mot, la prise du Lion Noir était l'ordre du jour, et, ayant réussi à le faire tomber dans ses filets, elle l'emmena d'un air triomphant et le fit asseoir à son côté.

Une seconde séparation s'effectua ainsi entre Touchwood et son ami; car lady Pénélope, bien loin de lui faire la même invitation, n'avait pas daigné lui accorder la moindre attention. Le nabab alla donc s'asseoir à l'autre bout de la table, où il excita beaucoup de surprise par la dextérité avec laquelle il mangea un pilau de riz à l'indienne.

M. Cargill, ainsi exposé au feu des batteries de lady Pénélope, sans avoir un bâtiment de conserve pour le soutenir, en trouva bientôt les bordées si vives et si fréquentes, que sa complaisance, qui, depuis bien des années, n'avait pas été mise à l'épreuve des caquets et du bavardage de la société, finit par être poussée à l'extrémité. Elle commença par l'engager à approcher davantage sa chaise de la sienne; car, dans la terreur que lui inspirait, comme par une sorte d'instinct, le voisinage d'une grande dame, il s'en était écarté autant que cela lui avait été possible.

— J'espère, lui dit-elle ensuite, que la circonstance que nous n'appartenons pas à la même église, ne vous inspire aucun préjugé contre moi. Mon père était de la communion épiscopale; car vous pouvez avoir entendu dire, ajouta-t-elle avec un sourire qui voulait être malin, que nous ne valions pas grand'chose en 1745. Mais tout cela est passé, et je suis sûre que vous avez trop de libéralité dans l'esprit pour que la différence de religion vous donne des préventions contre qui que ce soit. Je puis vous assurer que je suis bien loin de mépriser les formes du service presbytérien. J'ai souvent désiré d'y assister dans un endroit où j'étais certaine d'être instruite et édifiée, je veux dire dans l'église de Saint-Ronan. — Et elle accompagna ces mots d'un sourire gracieux. — Et j'espère bien y aller aussitôt que M. Mowbray aura reçu d'Édimbourg le poêle qu'il a commandé pour le placer dans son banc.

Tout cela était entremêlé de tant de signes de tête, de sourires, de clignemens d'œil, et de marques de politesse, que le ministre ne put s'empêcher de penser à une tasse où l'on met une grande quantité de sucre pour faire passer un thé faible et sans parfum. Il n'y répondait que par quelques inclinations de tête et un air d'assentiment; mais c'était tout ce qu'exigeait de lui l'inépuisable lady Pénélope.

— Ah! M. Cargill, continua-t-elle, combien votre profession demande de qualités, non-seulement de l'esprit, mais du cœur! combien elle a de rapport avec les sentimens les plus touchans, les plus charitables, les plus nobles, les plus purs de notre nature! Vous savez ce que dit Goldsmith :

> Fidèle à ses devoirs, aussitôt qu'on l'appelle (1),
> Partout il veille, il prie, et toujours avec zèle.

Et quel portrait que celui d'un ministre de paroisse tracé par Dryden! on le croirait outré si on ne rencontrait de temps en temps quelque être, vivant parmi nous, qui nous en rappelle les traits. — Un sourire aussi insinuant qu'expressif sembla indiquer quel était l'être dont elle voulait parler.

(1) GOLDSMITH. *Le village abandonné*. — ÉD.

> Sous le joug de son ame il sait courber ses sens,
> S'interdit les plaisirs, les plaisirs innocens.
> Et pourtant son aspect n'offre rien de sévère ;
> Ses traits vous sont garans que sa bouche est sincère.
> On n'aperçoit en lui ni hauteur ni fierté ;
> Il a le regard doux, plaît par sa sainteté...

Tandis que Sa Seigneurie déclamait ces vers, les yeux distraits du ministre avouaient que son esprit était ailleurs. Peut-être ses pensées étaient-elles occupées en ce moment à conclure une trêve entre Saladin et Conrad de Montserrat, à moins qu'il ne se retraçât quelqu'un des événemens de cette journée. La dame crut apercevoir en lui une distraction, et s'empressa de rappeler son attention par une question directe.

— Je n'ai pas besoin de vous demander si vous connaissez Dryden, M. Cargill?

— Je n'ai pas cet honneur-là, madame, répondit le ministre, sortant de sa rêverie, et n'ayant compris qu'à moitié la question à laquelle il répondait.

— Monsieur! dit lady Pénélope un peu surprise.

— Madame, milady! répondit Cargill avec embarras.

— Je vous demandais si vous admiriez Dryden; mais vous autres savans, vous êtes si distraits! vous avez peut-être cru que je vous parlais de Leyden (1)?

— C'est une lampe qui s'est éteinte trop tôt, madame. Je l'ai fort bien connu.

— Et moi aussi. Il parlait dix langues. Que cela est mortifiant? quelle est ma misère, M. Cargill, moi qui n'en connais que cinq! mais j'ai étudié un peu depuis ce temps. Il faudra que vous m'aidiez dans mes études,

---

(1) Auteur écossais, contemporain de l'auteur et son ami. — Éd.

M. Cargill; ce sera un acte de charité. Mais peut-être craindriez-vous de prendre une écolière!

Un frisson, occasioné par d'anciens souvenirs, traversa en ce moment le cœur de Cargill, et lui fit éprouver la même angoisse que si la lame d'une épée lui eût passé au travers du corps. Et nous ne pouvons nous empêcher de remarquer ici qu'un bavard éternel dans la société, de même que l'homme affairé et empressé qui veut traverser une foule, indépendamment des autres inconvéniens dont il peut être cause, manque rarement de toucher quelque point délicat, et de froisser la sensibilité de quelqu'un, sans le savoir et sans s'en inquiéter.

— Il faut aussi, M. Cargill, continua lady Pénélope, que vous m'aidiez dans mes petites charités, maintenant que nous nous connaissons si bien. Il y a cette Anne Heggie, par exemple; je lui ai envoyé hier une bagatelle, mais on m'a dit... Je ne devrais pas le répéter; mais c'est qu'on aime à bien placer le peu qu'on donne. On m'a dit que... qu'elle n'est pas un objet convenable de charité; en un mot, qu'elle est mère sans avoir été mariée. Vous sentez, M. Cargill, qu'il me siérait mal d'encourager le désordre et les mauvaises mœurs.

— Je crois, madame, dit le ministre d'un ton grave, que l'état de détresse où se trouve cette pauvre femme justifie la charité, quelle que puisse avoir été sa conduite.

— Oh! ne me prenez pas pour une prude, M. Cargill; je ne le suis nullement. Je ne refuse mon appui à personne sans en avoir les motifs les plus puissans. Je pourrais vous citer une de mes intimes amies que j'ai soutenue contre la clameur générale qui s'élevait contre elle aux eaux, et cela parce que je crois du fond de l'ame qu'elle n'a été qu'inconsidérée, rien au monde qu'inconsidérée. Oh! M. Cargill, comment pouvez-vous regarder de l'autre côté de la table avec des yeux si malins? Qui aurait cru cela de vous? Fi! faire une application personnelle de ce que je vous dis!

— En vérité, madame, je ne sais ce que vous voulez dire.

— Fi donc, M. Cargill, fi! répéta lady Pénélope, en donnant à ses expressions l'accent du reproche et de la surprise, autant qu'elle pouvait le faire en parlant à voix basse et sur le ton de la confiance, vous regardiez lady Binks; vous ne pouvez le nier. Je sais ce que vous pensez. — Vous vous trompez; je vous l'assure, vous vous trompez tout-à-fait. Je voudrais pourtant qu'elle ne jouât pas si bien le rôle de coquette avec le jeune homme qui est près d'elle. — Mais elle est dans une situation particulière, M. Cargill. Tenez! je crois qu'elle a fini par épuiser sa patience, car le voilà qui s'en va. Que cela est singulier! Mais n'est-il pas encore plus extraordinaire que miss Mowbray ne soit pas ici?

— Miss Mowbray! Que dites-vous de miss Mowbray? N'est-elle pas ici? s'écria M. Cargill en tressaillant, et en montrant un degré d'intérêt que toutes les communications libérales de lady Pénélope n'avaient pas encore pu obtenir de lui.

— Oui, lui répondit-elle en baissant la voix et en secouant la tête, miss Mobwray n'a pas encore paru. Son frère est sorti il y a quelques minutes, sans doute pour aller la chercher, et nous restons ici à nous regarder les uns les autres. Comme cela a bonne grace! Mais vous connaissez Clara Mowbray?

— Moi, madame, répondit le ministre, qui en ce moment ne manquait pas d'attention, réellement... oui, je... je connais miss Mowbray... c'est-à-dire je la connaissais il y a quelques années; mais Votre Seigneurie n'ignore pas que depuis assez long-temps elle a toujours eu une mauvaise santé, une santé incertaine du moins, et il y a plusieurs années que je ne l'ai vue.

— Je le sais, mon cher M. Cargill, répliqua lady Pénélope toujours du ton le plus affectueux ; je le sais, et il est bien malheureux pour elle que les circonstances l'aient privée des avis et des conseils d'un ami tel que vous. Je sais tout cela, et pour vous dire la vérité, c'est principalement à cause de la pauvre Clara que j'ai été coupable de l'importunité de vouloir faire votre connaissance. En réunissant nos efforts, M. Cargill, nous pourrions faire des merveilles pour dissiper le nuage qui couvre son esprit. Oui, je suis sûre que nous réussirions ; c'est-à-dire si vous vouliez m'accorder une entière confiance.

— Miss Mowbray a-t-elle prié Votre Seigneurie de converser avec moi sur quelque sujet qui l'intéresse? demanda le ministre avec plus d'adresse et de précaution que lady Pénélope ne lui en supposait ; en ce cas je serai charmé d'entendre ce qu'elle peut avoir à me dire, et Votre Seigneurie pourra disposer ensuite de tout ce dont mes faibles moyens pourront être capables.

— Je... je ne puis vous affirmer... précisément, répondit lady Pénélope en hésitant, qu'elle m'ait spécialement chargée de vous parler à ce sujet, M. Cargill. Mais mon affection pour cette chère fille est si grande! et puis vous connaissez tous les inconvéniens qui peuvent résulter de ce mariage.

— De quel mariage parlez-vous, milady?

— Allons, M. Cargill, vous abusez des privilèges de l'Écosse. Je ne vous fais pas une question que vous n'y répondiez par une autre. Causons d'une manière intelligible pendant cinq minutes, si vous daignez avoir cette complaisance pour moi.

— Tout aussi long-temps que cela pourra vous convenir, milady, pourvu que l'entretien ne roule que sur les affaires de Votre Seigneurie, ou sur les miennes, s'il était possible qu'elles pussent vous intéresser un instant.

— Fort bien, vraiment! dit lady Pénélope en riant avec affectation; c'est bien dommage que vous n'ayez pas été un prêtre catholique, au lieu d'un ministre presbytérien. Le beau sexe a perdu en vous un confesseur inestimable. Avec quelle dextérité vous auriez éludé de répondre aux interrogatoires qui auraient pu compromettre vos belles pénitentes!

— Vos railleries, milady, deviennent trop sévères pour que je puisse y résister ou y répliquer, dit M. Cargill en la saluant avec plus d'aisance que lady Pénélope n'en avait attendu de lui, et il tourna la tête du côté de son autre voisin, pour mettre fin à une conversation qu'il commençait à trouver assez embarrassante.

En ce moment, miss Mowbray entra dans l'appartement, en donnant le bras à son frère. Un murmure général de surprise se fit entendre au même instant. Mais nos lecteurs en comprendront mieux la cause, après avoir lu le récit de ce qui venait de se passer entre le frère et la sœur.

CHAPITRE XXII.

DÉBATS.

« Avec de tels habits voulez-vous donc paraître ?
» Dans mon appartement hâtez-vous de monter,
» Et sous mes vêtemens venez vous présenter. »
SHAKSPEARE. *La méchante Femme mise à la raison.*

CE fut avec un mélange d'inquiétude, de dépit et de ressentiment, que Mowbray, après avoir offert la main à lady Pénélope pour la conduire dans la salle à manger, remarqua que sa sœur était absente, et que lady Binks était appuyée sur le bras du comte d'Etherington, dont le rang aurait exigé qu'il eût l'honneur d'escorter la maîtresse de la maison. Il jeta les yeux à la hâte, avec un sentiment pénible, dans tout le salon, et s'assura positivement que sa sœur n'y était point. Aucune des dames ne l'avait vue depuis la représentation des tableaux dramatiques ; tout ce qu'on savait, c'était qu'à l'instant où les acteurs avaient quitté le théâtre, lady Pénélope l'avait suivie dans son appartement, et y avait passé quelques minutes avec elle.

Mowbray sortit sur-le-champ, en se plaignant à voix haute de la lenteur que Clara mettait à sa toilette, et se flattant intérieurement que ce retard n'était pas occasioné par quelque cause plus sérieuse.

Il monta avec précipitation à l'appartement de sa sœur, entra sans cérémonie dans son petit salon, et, frappant à la porte de son cabinet de toilette, il la pria de se presser.

— Toute la compagnie s'impatiente, lui dit-il en prenant le ton de la plaisanterie ; sir Bingo Binks gronde comme un dogue à l'attache, qui voit devant lui un os auquel sa chaîne ne lui permet pas d'atteindre.

— César jappe ? dit Clara sans ouvrir la porte ; patience, patience, on y va.

— Ce n'est pas une plaisanterie, Clara, continua son frère ; lady Pénélope miaule comme une chatte affamée.

— Je viens, je viens, Minette (1), répondit Clara sur le même ton qu'auparavant, et en même temps elle ouvrit la porte et entra dans le salon. Elle avait quitté sa riche parure, et avait mis la redingote de drap, qui était son costume favori.

Son frère fut surpris et offensé de la voir ainsi vêtue.
— Sur mon ame ! Clara, s'écria-t-il, c'est vous conduire fort mal. Je vous passe tous vos caprices dans les occasions ordinaires ; mais aujourd'hui plus que jamais vous auriez pu vous habiller d'une manière digne de

---

(1) En anglais *Grimalkin*. — Éd.

ma sœur et d'une femme comme il faut qui reçoit compagnie chez elle.

— En vérité, mon cher John, pourvu que vos hôtes aient de quoi boire et manger, je ne vois pas pourquoi je me mettrais en peine de leur élégante parure, ni pourquoi ils s'inquiéteraient de la simplicité de la mienne.

— Allons, allons, Clara, cela ne peut passer ainsi. Il faut positivement que vous rentriez dans votre cabinet de toilette et que vous changiez de costume à la hâte. Vous ne pouvez vous montrer en compagnie vêtue comme vous l'êtes.

— John, je puis m'y montrer et je m'y montrerai. J'ai joué ce matin le rôle de folle par complaisance pour vous; mais pour le reste du jour, je suis bien déterminée à ne porter que le costume qu'il me convient, c'est-à-dire un costume qui prouve que je n'appartiens pas au monde et que je n'ai rien de commun avec ses modes.

— Sur mon ame! Clara, je vous ferai repentir de cette obstination, s'écria Mowbray avec plus de violence qu'il n'en montrait jamais à sa sœur.

— Vous ne le pouvez, mon cher John, lui répondit-elle avec beaucoup de sang-froid, à moins que vous ne me battiez; et en ce cas, je crois, ce serait vous-même qui vous repentiriez.

— Je ne sais pas trop si ce ne serait pas le meilleur moyen de vous faire entendre raison, murmura Mowbray entre ses dents; mais contenant sa violence, il se borna à lui dire : — D'après la longue expérience que j'en ai faite, Clara, je sais que votre opiniâtreté tiendra plus long-temps que ma colère; faisons donc une transaction. Gardez votre vieille redingote, puisque vous avez tant d'envie de faire de vous un épouvantail, mais du moins jetez votre schall sur vos épaules ; il a été universellement admiré, et il n'y a pas dans toute la société une seule femme qui ne désire le voir de plus près : on croit à peine qu'il soit vraiment des Indes.

— Soyez homme, Mowbray ; mêlez-vous des couvertures de vos chevaux et ne vous occupez pas de schalls.

— Et vous, Clara, soyez femme, et songez à ce que l'usage et le décorum rendent nécessaire. Quoi ! est-il possible que vous refusiez de m'obliger dans cette occasion pour une pareille vétille ?

— En vérité, mon frère, je le ferais si cela m'était possible ; mais, puisqu'il faut vous avouer la vérité, ne vous fâchez pas, je vous en prie, je n'ai plus le schall, je l'ai cédé, donné, devrais-je peut-être dire, à celle à qui il aurait dû appartenir : elle m'a pourtant promis une chose ou une autre en retour.

— Oui, quelque ouvrage de ses belles mains, je suppose ; un ou deux de ses dessins pour orner des écrans. Sur ma parole, sur mon ame, cela n'est pas bien, Clara ; c'est trop mal agir envers moi, beaucoup trop mal. Quand ce schall n'aurait été d'aucune valeur, vous auriez dû y attacher quelque prix parce que je vous l'avais donné. Adieu ; nous tâcherons de nous passer de vous.

— Mais, mon cher John, écoutez-moi un instant, s'écria Clara en lui prenant le bras tandis qu'il s'avançait avec humeur vers la porte. Nous ne sommes que vous et moi sur la terre ; ne nous querellons pas pour une friperie de schall.

— Friperie! il m'a par Dieu coûté cinquante guinées, et elles auraient fort bien figuré dans ma bourse. Friperie!

— Ne pensez pas à ce qu'il a coûté, mon frère ; vous me l'avez donné, et je conviens que cette raison aurait dû m'en faire conserver le moindre lambeau jusqu'au dernier jour de ma vie. Mais véritablement, lady Pénélope paraissait si affligée ; elle martyrisait tellement sa pauvre figure, pour lui donner l'expression la plus étrange de colère et de chagrin, que je le lui ai abandonné, en convenant que je dirais qu'elle me l'avait prêté pour jouer mon rôle. Je crois qu'elle a craint que je changeasse d'avis, ou que vous ne le réclamassiez à titre d'épave seigneuriale ; car, après avoir fait quelques tours de jardin en le portant sur ses épaules, apparemment pour en prendre possession, elle l'a envoyé sur-le-champ, par un exprès, à l'hôtel du Renard.

— Qu'elle l'envoie au diable, et qu'elle y aille en même temps ! C'est un femme pétrie d'envie, de cupidité et d'égoïsme, et dont le cœur, dur comme un caillou, est couvert d'un beau vernis de goût et de sensibilité.

— Songez pourtant, John, qu'elle avait réellement quelque sujet de se plaindre cette fois-ci. Ce schall avait été retenu pour elle, ou à peu près. Elle m'a montré la lettre du marchand ; mais dans l'intervalle quelqu'un est arrivé de votre part avec de l'argent comptant, et c'est un leurre auquel aucun marchand ne peut résister. Ah ! John, je soupçonne que la moitié de votre colère vient de ce que vous voyez échouer le plan que vous aviez formé pour mortifier la pauvre lady Pen, et qu'elle aurait plutôt que vous des motifs de plainte.

Allons, allons, vous avez eu l'avantage sur elle en étant le premier à faire étalage de cette fatale parure, si le porter sur mes pauvres épaules peut s'appeler en faire étalage. A présent souffrez, par amour pour la paix, qu'elle se fasse honneur du reste, et allons rejoindre ces bonnes gens : vous verrez comme je me conduirai poliment.

Mowbray, enfant gâté et habitué à voir contenter toutes ses fantaisies, était fort contrarié du résultat du projet qu'il avait formé pour mortifier la vanité de lady Pénélope et de lady Binks ; mais il vit la nécessité de ne pas en parler davantage à sa sœur. Il se contenta de jurer tout bas qu'il se vengerait de lady Pénélope, de cette harpie en bas bleus ; oubliant que dans l'affaire importante dont il s'agissait, il avait été le premier à aller sur les brisées d'un autre pour la prévenir dans l'acquisition d'une parure si enviée.

— Je la ferai connaître, se dit-il, je mettrai au grand jour sa conduite dans cette affaire ; il ne sera pas dit qu'elle aura dupé un pauvre esprit faible comme celui de Clara, sans qu'elle en entende parler de plus d'un côté.

Tout en formant cette résolution chrétienne et honorable, Mowbray prit le bras de sa sœur, la conduisit dans la salle à manger, et l'installa à la place qu'elle devait occuper au haut bout de la table. Ce fut son costume négligé qui occasiona le murmure de surprise dont nous avons parlé en finissant le chapitre précédent. Mowbray, après avoir fait asseoir Clara dans son fauteuil, adressa au nom de sa sœur quelques mots à ses hôtes pour les prier de l'excuser si elle arrivait si tard et sans être parée. — Quelque méchante fée, ajouta-t-il, quelque lutin jaloux, Puch (1) peut-être, a pénétré dans sa garde-robe et a emporté la parure qu'elle aurait dû porter.

Des réponses partirent en même temps de toutes parts. — C'eût été trop exiger de miss Mowbray, que de s'attendre qu'elle fît une seconde toilette uniquement pour la compagnie.

— Quelques vêtemens que portât miss Clara, ils lui allaient toujours à ravir.

— Miss Mowbray, dit le révérend M. Chatterly, avait brillé comme le soleil dans sa splendide parure théâtrale, et maintenant, dans son costume ordinaire, elle répandait le doux éclat de la lune.

— Miss Mowbray, étant chez elle, a bien le droit de se mettre comme cela peut lui être agréable. Ce dernier trait de politesse était la contribution de l'honnête mistress Blower, et miss Mowbray y répondit par une inclination de tête particulière et très-gracieuse.

— Pour maintenir sa causerie *conversationnelle* (2), comme l'aurait dit le docteur Johnson, la bonne mistress Blower aurait dû se borner à un compliment si bien reçu; mais qui sait s'arrêter à propos? Elle avança sa large figure brillante de bonté d'ame et de satisfaction, et lançant sa voix d'un bout de la table à l'autre, à l'imitation de son défunt mari quand il donnait des ordres à son lieutenant pendant un ouragan, elle s'écria :

— Je suis surprise, miss Mowbray, que vous n'ayez pas pris le beau schall que vous aviez ce matin en jouant

---

(1) Lutin qui cause la méprise sur laquelle roulent les scènes plaisantes du *Songe d'une nuit d'été*. — Éd.

(2) *Colloquial*. — Éd.

je ne saurais trop dire quoi ; et avec cela que vous êtes exposée au vent de la porte. C'est sans doute de crainte qu'on ne renverse sur vous la soupe, les sauces, ou quelque autre chose semblable. Mais j'ai mis trois schalls sur mes épaules, moi, et je crois réellement que deux seront bien assez. Ainsi donc, si vous voulez en prendre un, à coup sûr ce n'est qu'une imitation des schalls des Indes, mais il vous couvrira aussi bien qu'un vrai cachemire, et s'il attrape quelque tache, la perte en sera moins grande.

Mowbray ne put résister à la tentation que lui offrait ce discours. — Je vous remercie beaucoup, mistress Blower, lui répondit-il aussitôt ; mais ma sœur n'est pas encore assez grande dame pour s'approprier le schall d'une amie.

Lady Pénélope rougit jusqu'au blanc des yeux ; elle était prête à répondre avec aigreur, mais elle se retint, et faisant un signe de tête à miss Mowbray de l'air le plus cordial du monde, mais avec une expression toute particulière, elle se borna à lui dire à demi-voix : — Ainsi donc, vous avez conté à votre frère le petit arrangement que nous avons fait ensemble ce matin? *Tu me lo pagherai* (1). Je vous en avertis, prenez garde qu'aucun de vos secrets ne vienne en ma possession, c'est tout ce que j'ai à vous dire.

Comme les événemens les plus importans de la vie humaine naissent souvent de petites causes! Si lady Pénélope se fût laissé entraîner par le premier mouvement de son ressentiment, il n'en serait probablement résulté que quelque escarmouche, moitié comique,

(1) Tu me le paieras. — Éd.

moitié sérieuse, semblable à celles dont Sa Seigneurie et M. Mowbray régalaient souvent la compagnie aux eaux de Saint-Ronan ; mais la vengeance contenue et différée en devient toujours plus redoutable, et c'est aux effets du ressentiment bien mûri que conçut lady Pénélope à l'occasion de cette bagatelle, qu'il faut attribuer la plupart des événemens qu'il nous reste encore à rapporter. Elle se promit secrètement de restituer le schall qu'elle avait eu dessein de s'approprier à des conditions très-raisonnables ; mais elle résolut secrètement aussi de se venger du frère et de la sœur, se flattant de tenir déjà jusqu'à un certain point le fil qui devait la conduire à la connaissance de quelques secrets de famille dont elle espérait se faire des armes terribles contre eux. Le souvenir des anciennes offenses des lairds de Saint-Ronan, l'importance à laquelle ils avaient toujours prétendu, la supériorité que Clara avait obtenue sur elle dans la représentation de la matinée, tout ajouta une nouvelle force à la cause immédiate de son ressentiment, et il ne lui resta plus qu'à réfléchir sur les moyens à employer pour donner plus d'éclat à sa vengeance.

Tandis que l'esprit de lady Pénélope s'occupait de ces pensées, Mowbray cherchait des yeux le comte d'Etherington, jugeant qu'il pouvait être convenable de le présenter à Clara pendant le repas même, comme un prélude à la liaison plus intime qui, en conséquence du plan convenu, devait avoir lieu entre eux. Mais, à sa grande surprise, le jeune comte était devenu invisible ; et Winterblossom s'était emparé de la place qu'il avait occupée près de lady Binks, attendu qu'il y avait remarqué une chaise dont le coussin était des plus moelleux, et qu'il s'y trouvait plus près du haut bout de la table, où l'on place ordinairement les mets les plus délicats et les plus recherchés. L'honnête président, après avoir fait quelques fades complimens à sa voisine sur la manière dont elle avait représenté la reine des Amazones, avait passé ensuite à l'occupation beaucoup plus intéressante pour lui d'examiner tous les plats qui couvraient la table, à l'aide d'un lorgnon suspendu à son cou par une chaîne d'or travaillée à Malte. Après l'avoir regardé quelques secondes avec surprise, Mowbray s'adressa au vieux *beau-garçon* et lui demanda ce qu'était devenu lord Etherington.

— Il a plié bagage, répondit Winterblossom, et il n'a laissé derrière lui que des complimens pour vous. Il paraît qu'il souffre du bras auquel il a été blessé. — Sur ma parole, voilà une soupe qui a une odeur appétissante. Lady Pénélope, aurai-je l'honneur de vous en servir? Non! ni à vous, lady Binks! Vous êtes trop cruelles. — Allons, il faut que je me console comme le faisaient les prêtres païens, en mangeant la victime à laquelle les divinités dédaignent de toucher.

Gardant alors pour lui-même l'assiette de soupe qu'il avait inutilement offerte aux deux dames, il laissa à M. Chatterly le soin de servir les autres convives, en lui disant qu'il appartenait à sa profession de rendre les divinités propices.

— Je ne croyais pas que lord Etherington nous quitterait si tôt, dit Mowbray; mais nous tâcherons de nous consoler de son départ.

A ces mots il prit sa place au bas bout de la table, et chercha à s'acquitter de son mieux et gaiement du rôle hospitalier de maître de maison, tandis que sa sœur, placée à l'autre bout, en faisait les honneurs avec une grace si naturelle et avec des attentions si délicates, que chacun se trouvait parfaitement à l'aise. Mais la disparition inexplicable du comte d'Etherington, la mauvaise humeur très-visible de lady Pénélope, l'air sombre, quoique calme, que montrait constamment lady Binks, firent sur la compagnie le même effet que produit un brouillard d'automne sur un paysage agréable. Les femmes avaient des vapeurs ; elles éprouvaient de l'ennui, elles ne parlaient qu'avec aigreur, et tout cela sans qu'elles eussent pu dire pourquoi. Les hommes ne se livraient pas à une gaieté franche, quoique les vins de Canaries et de Champagne leur déliassent la langue.

Lady Pénélope fut la première à parler de départ, en feignant avec beaucoup d'adresse de craindre les difficultés, et même les dangers auxquels on pouvait être exposé sur une si mauvaise route. Lady Binks lui demanda une place dans sa voiture, attendu, dit-elle, que d'après la manière dont sir Bingo courtisait les flacons, elle voyait qu'il aurait besoin de la sienne pour retourner à l'hôtel. Dès qu'elles furent parties il devint du mauvais ton de rester, et, comme dans une armée qui fait retraite, ce fut à qui passerait le premier. Cependant Mac Turk et quelques buveurs intrépides qui n'avaient pas l'habitude de faire tous les jours si bonne chère, tinrent ferme au milieu de la déroute générale, et résolurent prudemment de ne pas perdre une si belle occasion.

Nous n'appuierons pas sur les difficultés qu'occasiona le peu de moyens de transport dont on pouvait disposer pour reconduire une si nombreuse compagnie.

Les délais et les querelles qui en résultèrent furent beaucoup plus désagréables que dans la matinée, car on n'avait plus devant les yeux la perspective d'une journée de plaisir pour se consoler de quelques inconvéniens momentanés. L'impatience de quelques personnes fut telle, que, quoique la soirée fût froide, elles aimèrent mieux s'en aller à pied que de se soumettre à l'ennui d'attendre le retour des voitures. Mais, chemin faisant, on convint d'une voix unanime que tous les désagrémens qu'on pourrait éprouver sur la route devaient être attribués à M. Mowbray et à sa sœur, qui n'auraient pas dû inviter une compagnie si nombreuse à se rendre au château des Shaws, avant d'avoir fait faire une route plus courte et plus praticable pour y arriver.

— Il eût été si facile, dit quelqu'un, de réparer le chemin qui passe par Buckstane!

Tels furent tous les remerciemens que M. Mowbray reçut pour une fête qui lui avait coûté tant de frais et causé tant d'embarras, fête attendue avec une si grande impatience par toute la société des eaux de Saint-Ronan.

— C'était une partie fort agréable, dit la bonne mistress Blower; seulement, c'est dommage qu'on s'y soit tant ennuyé, et il y a eu un terrible gaspillage de gaze et de mousseline.

Mais le docteur Quackleben avait si bien profité de toutes les occasions qu'il avait trouvées pour s'avancer dans les bonnes graces de la veuve, qu'elle voyait sans être trop effrayée l'abondance de rhumes, de rhumatismes et des autres indispositions qui pouvaient survenir à la suite de cette fête, attendu qu'il était vrai semblable que le savant médecin, à la prospérité duquel elle prenait tant d'intérêt, y trouverait une moisson profitable.

Mowbray, ministre zélé de Bacchus, ne se trouva pas dispensé de continuer des libations en l'honneur de ce dieu bon-vivant, par le départ de la majorité de ses hôtes, quoique, pour cette fois, il eût volontiers laissé à d'autres le soin de sacrifier sur ses autels. Ni les chansons, ni les plaisanteries, ni les propos joyeux, ne purent ranimer un peu son esprit engourdi, tant il était mortifié de voir se terminer d'une manière si brusque et si froide une fête dont il s'était flatté de retirer tant d'honneur. Mais, quoique le maître de la maison prît peu de part à l'orgie, les convives qui lui restaient, tous joyeux compagnons, ne négligèrent pas de penser à eux; et ils continuèrent à boire bouteille sur bouteille, avec aussi peu d'égards pour l'air grave de M. Mowbray, que s'ils avaient été à l'auberge des *Armes de Mowbray*, au lieu de se trouver au château des Shaws.

Minuit vint enfin congédier le reste de sa compagnie. Mowbray regagna son appartement d'un pas mal assuré, se mit au lit sans retard en se maudissant lui-même, ainsi que ses compagnons, et légua ceux qui venaient de le quitter à tous les marécages et aux eaux bourbeuses qu'ils pourraient rencontrer entre Shaws-Castle et la source de Saint-Ronan.

CHAPITRE XXIII.

LA PROPOSITION.

> « Eh quoi! vous voudriez vivre et mourir vestale;
> » Des épouses du ciel devenir la rivale ?
> » Suffit ! De ce projet je vous détournerai;
> » Je vous garde un amant; je vous l'amènerai.
> » Il possède à lui seul la septuple science
> » Que le beau sexe voit d'un œil de préférence.
> » Il est noble d'abord (c'est un point capital),
> » Bien fait, jeune, vaillant, gai, riche et libéral. »
> *La Religieuse.*

La matinée qui suit une débauche est ordinairement consacrée à la réflexion, même parmi les bons vivans qui s'en sont fait une habitude. Le jeune laird de Saint-Ronan, en passant en revue les événemens de la veille, n'y trouva guère qu'un sujet de consolation, et c'était que, s'il avait fait quelque excès, il fallait l'attribuer moins à sa propre volonté qu'au devoir indispensable d'un maître de maison, ou du moins ce que ses compagnons considéraient comme tel.

Mais ce qui fixa surtout ses pensées à son réveil, ce fut moins le souvenir confus de l'orgie qui avait terminé la fête de la veille, que la difficulté d'expliquer la conduite et les projets de son nouvel allié, le comte d'Etherington.

Ce jeune lord avait vu miss Mowbray. Il avait témoigné avec chaleur l'admiration qu'elle lui inspirait, et renouvelé volontairement la demande faite par lui de sa main, même avant de l'avoir vue : cependant, bien loin de chercher l'occasion de lui être présenté, il semblait avoir quitté brusquement la compagnie pour éviter les rapports qui se seraient nécessairement établis entre Clara et lui. La manière dont il avait paru faire la cour à lady Binks n'avait pas non plus échappé à l'attention et à la sagacité de Mowbray ; elle s'était montrée elle-même bien pressée de quitter le château des Shaws, et il se promit de chercher à découvrir la nature de cette liaison, soit par mistress Gingham, femme de chambre de la belle dame, soit par tout autre moyen, prononçant en même temps le serment solennel qu'aucun pair du royaume ne ferait de miss Mowbray un manteau pour couvrir une intrigue plus secrète. Mais ses doutes à ce sujet se dissipèrent en grande partie quand un domestique du comte arriva, chargé de la lettre ci-après :

« Mon cher Mowbray,

« Vous devez naturellement être surpris que j'aie quitté la table hier, avant que vous fussiez revenu y prendre votre place, et que votre aimable sœur l'eût ornée de sa présence. Je dois vous avouer ma folie, et je le fais d'autant plus hardiment que n'ayant pas mis de romanesque dans la manière dont j'ai entamé cette affaire avec vous, je n'ai pas à craindre que vous me soupçonniez de vouloir y avoir recours à présent. La pure vérité, c'est que hier, pendant toute la journée, l'idée d'être présenté à celle des bonnes graces de laquelle dépend tout le bonheur de ma vie future, au milieu des embarras d'une fête et en présence d'une si nombreuse compagnie, m'a inspiré une répugnance qu'il me serait impossible de vous peindre. J'avais mon masque, à la vérité, et je pouvais m'en servir en me promenant, mais je ne pouvais le garder à table, et par conséquent il m'était impossible d'éviter d'être présenté à miss Mowbray, moment intéressant que je désirais réserver pour une occasion plus favorable. J'espère que vous trouverez bon que je vienne vous voir ce matin au château des Shaws, avec l'espoir mêlé d'inquiétude, qu'il me sera permis de rendre mes devoirs à miss Mowbray, et de lui offrir mes excuses pour ne l'avoir pas fait dès hier. J'attends votre réponse avec la plus vive impatience, et je suis tout à vous,

« ETHERINGTON. »

— Voilà, se dit Saint-Ronan à lui-même en repliant cette lettre après l'avoir lue deux fois; voilà qui parait franc et sincère, et je ne pouvais rien désirer de plus clair. D'ailleurs, elle met en *noir et blanc*, comme le dirait le vieux Micklewham, ce qui ne reposait encore que sur des paroles. Un billet comme celui-ci, reçu le matin, est un remède certain contre la migraine.

Il prit une chaise, s'approcha d'une table, et répondit au comte qu'il le verrait avec grand plaisir aussitôt que Sa Seigneurie le jugerait convenable. Il fit remettre sa réponse au domestique, s'approcha lui-même d'une fenêtre pour le voir partir, et le vit galoper en homme qui sait que son retour est attendu par un maître impatient.

Mowbray resta seul quelques minutes, réfléchissant avec joie à toutes les conséquences d'un mariage si désiré : il y trouvait un rang pour sa sœur, et pour lui mille avantages qu'il devait retirer d'une union si intime avec un homme qu'il avait alors de bonnes raisons pour croire initié dans tous les talens du jeu, et qui pourrait lui rendre les services les plus importans dans ses propres spéculations, et dans ses paris sur les courses de chevaux. Enfin il sonna un domestique et le chargea d'aller dire à sa sœur qu'il déjeunerait avec elle.

— Je suppose, John, lui dit Clara lorsqu'elle le vit entrer, que vous ne serez pas fâché de trouver ce matin un breuvage un peu moins fort que celui que vous avez pris la nuit dernière. Vous étiez encore à table quand minuit sonnait.

— Oui, répondit Mowbray ; ce banc de sable, ce vieux Mac Turk, sur qui bouteilles sur bouteilles ne font aucune impression, enivrerait la Sobriété même. Mais c'est une affaire finie, et je ne crois pas qu'on me rattrape dans un pareil piège. — Que dites-vous des masques ?

— Je dis que tous ces personnages ont soutenu aussi bien leur caractère qu'ils soutiennent leur rôle de *gentleman* et de *lady* dans le monde, c'est-à-dire en faisant beaucoup d'embarras, et sans trop d'égard pour les convenances.

— Je n'en ai vu qu'un seul dont j'aie été pleinement satisfait, un Espagnol.

— Je l'ai vu aussi, mais il avait son masque. Un vieux marchand indien, ou quelque chose de semblable, m'a paru porter beaucoup mieux son costume. Votre Espagnol ne faisait que se promener, et racler sa guitare pour l'amusement de lady Binks, à ce qu'il m'a paru.

— Cependant cet Espagnol-là ne manque pas de talent. Pourriez-vous deviner qui il est?

— Non vraiment, et je ne me donnerai pas la peine de l'essayer. Chercher à deviner serait aussi ennuyeux que de voir une seconde fois la même scène.

— Au moins, vous m'accorderez une chose. Bottom a été bien joué. Vous ne pouvez en disconvenir.

— Oui, ce digne personnage mériterait de conserver sa tête d'âne jusqu'à la fin de ses jours. Mais qu'avez-vous à en dire?

— Que c'était le même individu que vous avez vu ensuite en Espagnol. L'auriez-vous cru?

— En ce cas, il y avait hier un fou de moins que je ne le pensais, répondit Clara avec la plus grande indifférence.

Son frère se mordit les lèvres.

— Clara, lui dit-il, je sais que vous êtes une excellente fille, et que vous ne manquez pas de moyens; mais n'affichez pas de prétentions à l'esprit et à la bizarrerie. Il n'y a pas de gens plus insupportables dans le monde que ceux qui veulent penser autrement que les autres. Cet Espagnol était le comte d'Etherington.

Cette annonce fut faite d'un ton que Mowbray chercha à rendre imposant, mais elle ne fit aucune impression sur Clara.

— J'espère qu'il joue le rôle de pair mieux que celui d'hidalgo, répondit-elle d'un air très-insouciant.

— C'est un des plus beaux hommes d'Angleterre, un homme tout-à-fait à la mode. Je suis sûr qu'il vous plaira infiniment, quand vous le verrez en société privée.

— Qu'il me plaise ou non, cela est fort peu important.

— Vous vous trompez, Clara ; cela peut être de la plus grande importance.

— Vraiment ? dit Clara en souriant ; il faut donc que je me regarde comme un être bien important dans le monde, puisque mon approbation est nécessaire à un de vos élégans de première classe. Ne peut-il sans cela passer la revue aux eaux de Saint-Ronan ? Eh bien, je déléguerai mes pouvoirs à lady Binks, et elle me remplacera pour faire défiler devant elle toutes vos nouvelles recrues.

— Tout cela n'a pas le sens commun, Clara. J'attends ici, ce matin, lord Etherington. Il désire vous être présenté, et j'espère que vous le recevrez comme mon ami particulier.

— De tout mon cœur, pourvu que vous me promettiez qu'après cette visite vous le garderez aux eaux avec vos autres amis particuliers ; vous savez que c'est un marché conclu entre nous que vous n'amènerez dans mon appartement ni chien d'arrêt ni élégans ; les uns tourmentent mon chat et les autres m'ennuient.

— Vous vous méprenez totalement, Clara ; c'est un homme tout différent de tous ceux qui vous ont été présentés jusqu'ici. J'espère le voir souvent aux Shaws, et je me flatte que vous serez bientôt meilleurs amis que

PROPOSITION.

vous ne pensez. J'ai plus de raisons pour le désirer que je n'ai le temps de vous le dire en ce moment.

Clara garda le silence un moment, et leva ensuite les yeux sur son frère en le regardant avec cet air d'attention qui semble vouloir pénétrer au fond du cœur.

— Si je croyais, dit-elle après une minute de réflexion et d'un ton ému, si je croyais.... mais non; non, je ne veux pas croire que le ciel me destine un tel coup, encore moins que ce soit la main d'un frère qui doive le porter.

Elle se leva, courut à la fenêtre, l'ouvrit, respira l'air un instant, la referma, revint s'asseoir, et dit avec un sourire forcé : — Que le ciel vous le pardonne, mon frère, mais vous m'avez bien effrayée.

— Je n'en avais pas l'intention, Clara, répondit Mowbray, qui reconnut la nécessité de lui laisser le temps de se calmer; je ne faisais que parler en plaisantant de ces chances qui ne sortent jamais de la tête des autres jeunes filles, quoique vous ne sembliez jamais les calculer.

— Plût au ciel, mon cher John, répondit Clara en faisant un effort sur elle-même pour reprendre son sang-froid, que vous voulussiez suivre mon exemple et abandonner aussi la science des chances; elle ne vous enrichira pas.

— Et qu'en savez-vous? je vais vous prouver le contraire, petite sotte que vous êtes. Tenez, voilà un billet sur un banquier passé à votre ordre pour la somme que vous m'avez prêtée et même quelque chose de plus. Que le vieux Mick n'y touche pas; chargez-en Bindloose. Entre deux maudits filous, il faut choisir le plus honnête.

— Ne pouvez-vous pas l'envoyer vous-même à Bindloose?

— Non, non, il pourrait faire confusion entre mes affaires et les vôtres, et vous n'y trouveriez pas votre compte.

— Je ne suis pas fâchée que vous soyez en état de me payer, car j'ai envie d'acheter le nouveau poëme de Campbell (1).

— Je vous souhaite beaucoup de plaisir à le lire; mais ne m'arrachez pas les yeux si je ne m'en soucie guère. Je me connais en livres comme vous connaissez le calcul des probabilités pour une gageure. Mais à présent parlons sérieusement, et dites-moi si vous serez une bonne fille. Renoncerez-vous pour une fois à vos caprices? Recevrez-vous ce jeune comte anglais comme ma sœur doit recevoir un ami de son frère?

— Cela n'est pas très-difficile, mais.... mais.... je vous prie, ne me demandez que de le voir. Dites-lui tout d'un coup que je suis une pauvre créature, faible de corps, d'esprit et de caractère; dites-lui surtout que je ne puis le recevoir qu'une fois.

— C'est ce que je ne ferai pas, sur mon ame! Écoutez-moi, Clara; il faut que je vous parle clairement. J'avais dessein de retarder cette discussion; mais puisque la voilà entamée, le mieux est de la terminer sur-le-champ. Il faut donc que vous sachiez, Clara Mowbray, que le comte d'Etherington a des vues particulières en venant ici ce matin, et que ces vues ont ma sanction, mon entière approbation.

(1) Thomas Campbell, auteur des *Plaisirs*, de *l'Espérance* et de *Gertrude de Wyoming*. — Tr.

—Je le pensais, dit-elle d'une voix altérée; je prévoyais cette dernière infortune. Mais, Mowbray, ce n'est pas un enfant qui est devant vous, je ne veux ni ne puis voir votre comte.

—Comment! s'écria Mowbray avec vivacité, osez-vous me faire une réponse si positive? Réfléchissez-y mieux; car, si nous jouons l'un contre l'autre, vous aurez affaire à trop forte partie.

—Comptez-y bien, ajouta-t-elle avec encore plus de véhémence, je ne verrai ni lui ni aucun homme au monde, sur le pied que vous me le proposez. Ma résolution est prise, elle est invariable; ni les menaces ni les prières ne pourront la changer.

—Sur ma parole, miss Mowbray, pour une jeune personne modeste et réservée, vous savez avoir une volonté; mais vous apprendrez que j'en ai une aussi, et qu'elle est aussi prononcée que la vôtre. Si vous refusez de recevoir mon ami lord Etherington, et de le recevoir avec toute la politesse qui est due à la considération que j'ai pour lui, de par le ciel! Clara, je ne vous regarderai plus comme la fille de mon père. Pensez à ce que vous allez abandonner, l'affection et la protection d'un frère; et pourquoi? pour un frivole point d'étiquette! Vous ne pouvez, je présume, même dans les enfantemens de votre cerveau romanesque, vous imaginer que nous soyons encore au temps des Clarisse Harlowe et des Henriette Byron (1), où l'on mariait une femme de vive force; et il faut que vous ayez une vanité extravagante, si vous supposez que le comte d'Ethe-

---

(1) Héroïne du roman du *Chevalier Grandisson* de Richardson.

Tr.

-rington; puisqu'il vous a honorée de quelques pensées, ne se contentera pas d'un refus honnête et civil; croyez-vous donc être d'un assez grand prix pour que le temps des romans renaisse pour vous?

— Je ne sais quel est ce temps, mon frère, et je m'en soucie fort peu. Mais je vous dis que je ne verrai ni lord Etherington, ni qui que ce soit, après des préliminaires semblables à ceux que vous venez d'établir. Je ne le puis, ni ne le veux, ni ne le dois. Si vous vouliez que je le reçusse, ce qui ne peut avoir aucune importance, il fallait me l'annoncer comme une visite ordinaire; mais, d'après ce que vous m'avez dit, je ne le verrai pas.

— Vous le verrez et vous l'entendrez, Clara; je vous prouverai que mon entêtement est égal au vôtre; que je suis aussi prêt à oublier que j'ai une sœur, que vous à oublier que vous avez un frère.

— Il est donc temps, John, que cette maison, la maison de notre père commun, cesse de nous abriter tous deux. Je puis me suffire à moi-même, et puisse le ciel vous protéger.

— Vous prenez les choses avec un sang-froid admirable, miss Mowbray! dit son frère en se promenant dans l'appartement d'un air inquiet et agité.

— Parce qu'il y a long-temps que j'ai prévu ce qui arrive aujourd'hui. Oui, mon frère, j'ai plus d'une fois pensé que, lorsque toutes vos autres ressources seraient épuisées, vous établiriez sur votre sœur de nouveaux projets, de nouvelles spéculations. Ce moment est venu, et, comme vous le voyez, j'y étais préparée.

— Et où vous proposez-vous de vous retirer? Il me semble qu'étant votre unique parent, votre protecteur naturel, j'ai droit de le savoir. Mon honneur et celui de ma famille l'exigent.

— Votre honneur? répéta-t-elle en le regardant fixement d'un air expressif. Je suppose que vous voulez dire votre intérêt. Lui seul peut exiger que vous connaissiez le lieu de ma retraite. Ayez un peu de patience, John. Le creux d'un rocher, le lit desséché d'un torrent seront ma demeure, plutôt qu'un palais où je ne serais pas libre.

— Vous vous trompez pourtant, dit Mowbray avec fermeté, si vous croyez que je vous laisse jouir de plus de liberté que je ne crois pouvoir vous en accorder sans risque. La loi m'autorise à vous imposer la contrainte nécessaire à votre sûreté et à votre réputation. La raison et même l'affection l'exigent de moi. Vous n'avez que trop couru dans les bois, du temps de mon père, si je dois en croire tout ce qu'on m'a dit.

— Oui, Mowbray; oui, c'est la vérité! s'écria Clara en pleurant. Que le ciel ait pitié de moi, et qu'il vous pardonne de me reprocher la situation de mon esprit! Je sais que je ne puis toujours m'en rapporter à mon propre jugement. Mais est-ce à vous de me le rappeler?

Les larmes de Clara émurent Mowbray et l'embarrassèrent.

— Quelle folie est la vôtre! lui dit-il; vous me dites les choses les plus piquantes ; vous vous montrez disposée à fuir de ma maison; et, quand vos provocations m'arrachent une réponse un peu dure, vous fondez en larmes!

— Dites que vous ne pensiez pas ce que vous m'avez dit, mon cher John, s'écria Clara; dites-moi que vous ne le pensiez pas! ne me privez pas de ma liberté; c'est tout ce qui me reste, et Dieu sait que c'est une bien faible consolation dans les chagrins que j'endure. Je me prêterai à tout ce qui vous fera plaisir. J'irai aux eaux quand vous le voudrez, je m'habillerai comme il vous plaira, je parlerai comme vous me direz de le faire. Mais laissez-moi ici la liberté de ma solitude. Laissez-moi pleurer seule dans la maison de mon père; ne forcez pas une sœur dont le cœur est brisé à accuser un frère de sa mort. Le sable de ma vie est presque écoulé, mais ne secouez pas le sablier pour le faire tomber plus vite. Laissez-le couler tranquillement sans l'agiter. Je vous le demande pour vous encore plus que pour moi. Je désire que vous pensiez quelquefois à moi quand je n'existerai plus; mais que vous y pensiez sans les réflexions pleines d'amertume qui se présenteraient à vous, bien certainement, si vous aviez à vous reprocher de m'avoir traitée autrement qu'en bon frère. Ayez pitié de moi, quand ce ne serait que par pitié pour vous-même. Je n'ai mérité de vous que de la compassion. Nous ne sommes que nous deux sur la terre; pourquoi nous rendre malheureux l'un par l'autre?

Ce discours fut interrompu presque à chaque phrase par des larmes et des sanglots. Mowbray était ému; mais il ne savait à quoi se résoudre. D'une part, il était lié par la promesse qu'il avait faite au comte; de l'autre, sa sœur ne paraissait pas dans une situation d'esprit propre à recevoir une telle visite. Il était même très-probable que, s'il adoptait la mesure rigoureuse de la forcer à voir le jeune lord, elle le recevrait de manière à rompre le projet de mariage sur le succès duquel il avait construit tant de châteaux en l'air. Dans cet embarras il eut encore recours aux raisonnemens.

— Clara, lui dit-il, je suis, comme je vous l'ai déjà dit plusieurs fois, votre seul parent, votre protecteur naturel. Si vous avez quelque bonne raison à alléguer pour ne pas recevoir le comte d'Etherington, si vous pouvez trouver une réponse civile à la demande qu'il lui a plu de faire, il me semble que vous devez me la confier. Vous avez un peu trop joui de cette liberté dont vous faites tant de cas, pendant la vie de mon père, ou du moins pendant ses dernières années. Avez-vous formé alors quelque attachement inconsidéré qui vous empêche aujourd'hui de recevoir une visite semblable à celle dont vous vous trouvez menacée?

— Menacée! répéta miss Mowbray, l'expression est parfaitement juste; et rien ne peut être plus terrible pour moi qu'une telle menace, si ce n'est son accomplissement.

— Je suis charmé de voir que vous vous ranimiez un peu; mais ce n'est pas répondre à ma question.

— Est-il donc nécessaire qu'une femme ait un engagement et un attachement, pour qu'elle ne veuille pas être donnée en mariage, ni en entendre parler, quand c'est un tourment pour elle? Bien des gens déclarent qu'ils veulent mourir garçons; pourquoi, à vingt-trois ans, ne me serait-il pas permis de dire que je veux mourir fille? Accordez-moi cette grace en bon frère; et jamais neveux et nièces n'auront été si gâtés et grondés, si caressés et pincés par une vieille tante, que le seront vos enfans, quand vous en aurez, par leur tante Clara.

— Pourquoi ne pas dire tout cela au comte d'Etherington? Attendez qu'il présente à vos yeux un épouvantail aussi effrayant qu'une proposition de mariage, avant de songer à y opposer un refus. Qui sait si la fantaisie qu'il peut avoir eue n'est pas déjà passée? Il se promenait avec lady Binks, comme vous le disiez, et elle a autant d'adresse que de beauté.

— Que le ciel double tous ces avantages, s'ils peuvent servir à éloigner de l'esprit de lord Etherington toute idée de la pauvre Clara!

— Eh bien, les choses étant ainsi, je ne crois pas que vous ayez beaucoup d'embarras avec le comte. Il ne vous en coûtera probablement qu'un refus fait avec politesse. Quand il est venu jusqu'à faire des ouvertures à un homme de ma condition, il ne peut battre en retraite sans que vous lui fournissiez une excuse.

— Si c'est tout ce qu'il lui faut, je vous réponds qu'aussitôt qu'il m'en donnera l'occasion, il recevra de moi une réponse qui lui donnera la liberté de faire la cour à toutes les filles d'Eve, Clara Mowbray seule exceptée. Vraiment j'ai un tel désir de rendre libre ce captif, qu'il me semble que je désire son arrivée autant que je la redoutais il n'y a qu'un instant.

— Doucement, Clara, point d'étourderie; songez qu'il ne faut pas que le refus précède la demande.

— Bien certainement, mon frère; mais je saurai m'arranger de manière à ce que la demande n'ait jamais lieu. Je rendrai à lady Binks son admirateur sans même en recevoir une civilité pour sa rançon.

— De pire en pire, Clara. Il ne faut pas oublier qu'il est mon ami, mon hôte, qu'il ne doit pas recevoir un affront dans ma maison. D'ailleurs, faites-y attention, Clara; n'agiriez-vous pas plus sagement si vous preniez un peu de temps pour réfléchir à cette affaire? La proposition est brillante. — Il est question d'un titre, d'une fortune, et, ce qui vaut encore mieux, d'une fortune que vous aurez un droit légitime de partager.

— Vous allez au-delà de notre traité, mon frère. Je vous ai déjà cédé plus que je n'aurais jamais cru pouvoir le faire, en consentant à voir ce comte sur le pied d'un visiteur ordinaire, et voilà que vous me parlez en faveur de ses prétentions! C'est aller trop loin, Mowbray; vous allez me faire retomber dans ce que vous appelez mon obstination, et je refuserai de le recevoir.

— Vous le recevrez comme il vous plaira, dit Mowbray, sentant que ce n'était que de l'affection de sa sœur qu'il pouvait obtenir une concession qui contrariait son inclination. Vous ferez ce que vous jugerez à propos, ma chère Clara; mais, pour l'amour du ciel, essuyez-vous les yeux.

— Et conduisez-vous comme les gens de ce monde (1), — voulez-vous dire, ajouta Clara en prenant son mouchoir et en tâchant de sourire; mais cette citation est perdue pour vous qui n'avez jamais lu ni Prior ni Shakspeare.

— Non, Dieu merci. J'ai déjà bien assez de choses dans la tête sans la charger encore d'un fatras de rimes, comme celles dont vous meublez la vôtre, et comme fait aussi lady Pénélope. Allons, voilà qui est bien; maintenant consultez votre miroir, et donnez-vous un air présentable.

Il faut qu'une femme soit bien abattue par les chagrins et les souffrances pour qu'elle néglige entièrement le soin de son extérieur. La folle porte à Bedlam sa guirlande de paille avec un certain air de prétention;

(1) Expression de Prior. — Éd.

nous avons connu une veuve qui pleurait sincèrement, comme nous n'en pouvions douter, la mort récente de son mari, et dont les ajustemens de deuil étaient pourtant arrangés avec une grace qui était presque de la coquetterie. De même Clara Mowbray, malgré la négligence qu'elle affectait, avait aussi ses secrets de toilette, quoiqu'ils fussent du genre le plus simple et le plus expéditif. Otant son petit chapeau et dénouant une dentelle des Indes qui retenait ses beaux cheveux noirs, elle secoua la tête et ils tombèrent sur ses épaules avec tant de profusion qu'ils formaient un voile autour de sa taille fine et légère. Tandis que son frère la regardait avec un sentiment mêlé d'admiration, d'orgueil, d'affection et de pitié, elle les séparait avec un grand peigne; et sans avoir besoin de l'aide d'une femme d'atours, elle s'en forma, en quelques minutes, une coiffure semblable à celle que nous voyons sur la tête des statues de nymphes grecques.

— Maintenant, dit-elle, que je prenne mon plus beau manchon; et qu'il vienne un pair ou un prince, je serai prête à le recevoir.

— Un manchon! Allons donc! qui a jamais entendu parler d'une pareille chose depuis vingt ans? Les manchons étaient passés de mode avant que vous fussiez née.

— Peu importe, John. Quand une femme, et surtout une vieille fille déterminée comme moi, porte un manchon, c'est un signe qu'elle n'a pas dessein d'égratigner; et ainsi le manchon est une espèce de drapeau neutre. D'ailleurs il épargne la nécessité de tirer ses gants à chaque instant, ce qui est si prudemment recommandé par la devise de nos cousins les Mac-Intoshs.

— Faites ce qu'il vous plaira. Si pourtant une autre que vous voulait le faire, vous ne le souffririez pas. Mais que veut dire ceci? Un autre billet! il en pleut donc ce matin?

— Fasse le ciel que Sa Seigneurie ait judicieusement réfléchi à tous les dangers qui l'attendent dans ce château enchanté, dit miss Mowbray, et qu'elle ait renoncé à poursuivre l'aventure.

Ce souhait lui valut un regard de mécontentement que lui lança son frère en brisant le cachet de la lettre qu'un domestique venait de lui remettre. Sur une seconde enveloppe il lut les mots: — Promptitude et secret. — Le contenu de ce billet, qui le surprit infiniment, sera mis sous les yeux de nos lecteurs au commencement du chapitre suivant.

CHAPITRE XXIV.

AVIS ANONYME.

« .... Ouvrez cette lettre,
» Et je puis à l'instant produire un champion
» Qui saura soutenir mon accusation. »
Shakspeare. *Le Roi Léar.*

Le billet que Mowbray venait de recevoir, et qu'il lut en présence de sa sœur contenait ce qui suit :

« Monsieur,

« Clara Mowbray a peu d'amis ; elle n'en compte peut-être que deux qui lui sont attachés, vous par les liens du sang, et l'auteur de cette lettre par ceux de l'attachement le plus vif, le plus vrai et le plus désintéressé que jamais homme ait éprouvé pour une femme. Je crois devoir m'expliquer ainsi avec vous, parce que, quoiqu'il soit très-probable que je ne reverrai jamais votre sœur, que jamais je ne lui parlerai, je désire que vous connaissiez parfaitement la cause de l'intérêt que je continuerai à y prendre jusqu'à l'heure de la mort.

« Je sais qu'un individu, se donnant le nom de lord Etherington, est dans les environs du château des Shaws et qu'il a dessein de se proposer pour époux à miss Mowbray. Il m'est facile de prévoir, en raisonnant d'après les vues ordinaires du monde, qu'il peut présenter sa proposition sous un jour qui la rende très-avantageuse. Mais avant de lui donner l'encouragement que ses offres peuvent paraître mériter, veuillez vous informer si sa fortune est certaine et si son rang n'est pas sujet à contestation. Ne vous contentez pas de quelques renseignemens légers sur l'un et l'autre point. Un homme peut être en possession d'un domaine et d'un titre sans y avoir d'autre droit que sa rapacité et sa promptitude à s'en mettre en possession ; en supposant M. Mowbray jaloux, comme il doit l'être, de l'honneur de sa famille, une alliance avec un tel homme ne peut qu'y porter atteinte. Celui qui vous adresse cette lettre est disposé à soutenir tout ce qu'il vous écrit. »

A la première lecture d'un billet si extraordinaire, Mowbray fut tenté d'en faire honneur à la malice de quelque personne faisant partie de la compagnie réunie aux eaux ; les lettres anonymes étant la ressource assez commune des petits esprits qui fréquentent ces lieux de réunion, et offrant le moyen le plus facile de semer sans danger la méfiance et le trouble dans les familles. Cependant en y réfléchissant davantage, et après avoir relu la lettre, il se sentit ébranlé dans cette opinion. Sortant tout à coup de la rêverie dans laquelle il était tombé, il demanda où était l'exprès qui avait apporté cette missive. Le domestique répondit qu'il l'avait laissé sous le vestibule, et Mowbray y courut sur-le-champ. L'exprès n'y était plus; mais il était presque au bout de l'avenue, se retirant assez tranquillement, et le domestique le montra à son maître. Mowbray l'appela à grands cris. Point de réponse. Il prit alors le parti de courir après le drôle, dont l'extérieur était celui d'un paysan. Mais celui-ci, se voyant poursuivi, joua des jambes à son tour; et, quand il fut sorti de l'avenue, il se jeta dans un de ces petits sentiers irréguliers que traçaient dans tous les sens ceux qui allaient cueillir des noisettes ou prendre de l'exercice. Le bois taillis était d'assez grande étendue et avait sans doute fait donner au château le nom qu'il portait; *Shaws*, en dialecte écossais, signifiant des bois de cette espèce.

Excité par le désir évident que cet homme montrait de l'éviter, Mowbray le poursuivit assez loin; et ce ne fut qu'après l'avoir perdu de vue depuis long-temps, et lorsqu'il se trouva épuisé de fatigue, qu'il se souvint de la visite que devait lui faire le comte d'Etherington, et qu'il songea à retourner au château.

Le jeune lord y était arrivé si peu de temps après le départ de Mowbray, qu'il était étonnant qu'ils ne se fussent pas rencontrés dans l'avenue. Le domestique à qui il s'adressa, pensant que son maître ne pouvait tarder à rentrer, puisqu'il était sorti sans chapeau, l'introduisit sans cérémonie dans l'appartement où l'on venait de déjeuner, et où Clara, assise près d'une croisée, était si occupée d'un livre qu'elle lisait, ou de ses propres pensées, qu'à peine s'aperçut-elle de l'arrivée d'un étranger; et elle ne leva la tête que lorsque lord

Etherington eut prononcé ces mots : — Miss Mowbray.
— Un tressaillement involontaire annonça ses alarmes ; et elle poussa un grand cri quand le comte, faisant encore un pas pour s'avancer vers elle, dit d'un ton plus ferme : — Clara.

— N'avancez pas ! s'écria-t-elle, n'avancez pas davantage, si vous voulez que je puisse vous voir sans mourir.

Le comte s'arrêta, comme incertain s'il devait avancer ou reculer, tandis qu'avec une volubilité incroyable elle le priait et suppliait de se retirer, s'adressant à lui tantôt comme à un être vivant, tantôt comme à un fantôme créé par une imagination en désordre.

— Je le savais, murmurait-elle à voix basse, je savais ce qui arriverait si mes pensées étaient forcées à prendre ce cours odieux. Mon frère ! Parlez-moi, mon frère, parlez-moi, pendant qu'il me reste encore quelque raison. Dites-moi que l'être que j'ai sous les yeux n'est qu'une ombre créée par mon imagination exaltée. Mais non, ce n'est point une ombre ; je vois en lui toutes les apparences d'une substance semblable à la mienne.

— Clara, dit le comte d'une voix ferme, mais plus douce, tranquillisez-vous, calmez-vous ; je ne suis pas une ombre ; je suis un homme victime de cruelles injustices, et je viens réclamer des droits dont j'ai été dépouillé sans raison. J'ai pour moi maintenant le pouvoir comme la justice, et mes réclamations seront entendues.

— Jamais, répondit Clara ; jamais ! puisque je suis réduite à l'extrémité, elle me donnera du courage. Vous n'avez pas de droits sur moi ; vous n'en avez aucun ; je ne vous connais pas ; je vous défie.

— Ne me défiez pas, Clara, dit le comte d'un ton bien différent de celui qu'il employait pour faire les charmes d'une société; car il était grave, solennel, tragique, presque semblable à celui d'un juge qui prononce la sentence d'un criminel. — Ne me défiez pas, répéta-t-il : votre destin est entre mes mains, et il dépend de vous qu'il soit doux ou sévère.

— Osez-vous bien parler ainsi? s'écria Clara les yeux étincelans de colère, tandis que ses lèvres pâlissaient et tremblaient de crainte. Osez-vous bien parler ainsi? Oubliez-vous que nous avons au-dessus de notre tête ce même ciel au nom duquel vous avez fait le serment solennel de ne jamais me revoir sans mon consentement?

— Ce serment était conditionnel. Frank Tyrrel, comme il se nomme, en avait fait un semblable. Ne vous a-t-il pas vue?

Il fixa sur elle un regard perçant, en prononçant ces mots :

— Oui, continua-t-il, il vous a vue, vous n'oseriez le nier. Un serment qui n'a été pour lui qu'un fil de soie, doit-il être pour moi une chaîne de fer?

— Hélas! un seul instant, dit miss Mowbray, manquant de courage, et baissant la tête en parlant ainsi.

— Quand ce ne serait que la vingtième partie d'un instant, l'espace le plus incompréhensible de la subdivision du temps, vous vous êtes rencontrés, il vous a vue, vous lui avez parlé. Eh bien, il faut aussi que vous me voyiez, il faut aussi que vous m'écoutiez, ou je vous réclamerai d'abord en face du monde entier, comme m'appartenant; et, après avoir fait reconnaître mes droits, je chercherai le misérable rival qui a osé intervenir entre vous et moi, et il me paiera de sa vie cette témérité.

— Pouvez-vous tenir ce langage? Pouvez-vous briser ainsi tous les liens de la nature? N'avez-vous donc pas un cœur?

— J'en ai un, et il recevra comme une cire toutes les impressions qu'il vous plaira de lui imposer, si vous consentez à me rendre justice; mais ni le rocher, ni rien de ce que la nature a de plus dur, ne sera plus inflexible, si vous persistez dans une inutile opposition; Clara Mowbray, votre destin est entre mes mains.

— Ne le croyez pas, homme orgueilleux, dit Clara en se levant. Dieu n'a pas donné à un vase d'argile le pouvoir d'en briser un autre sans sa divine permission. Le moindre des oiseaux ne tombe sur la terre que par la volonté de celui entre les mains de qui est ma destinée. Retirez-vous, je suis forte de la confiance que je mets en la protection du ciel.

— Parlez-vous ainsi avec sincérité? Mais d'abord considérez la perspective qui s'offre à vous. Je ne parais pas ici en homme dont la situation dans le monde est douteuse ou incertaine; je ne vous offre pas simplement le nom d'épouse; je ne vous propose pas un sort obscur, une humble médiocrité, une vie mêlée de crainte pour le passé et d'inquiétudes pour l'avenir; et cependant il *fut* un temps où vous ne dédaigniez pas d'écouter favorablement de pareilles propositions. Non; je suis placé au premier rang des nobles du pays, et je vous offre, avec le titre de mon épouse, le partage de mes honneurs et de l'opulence qui les accompagne. Votre frère est mon ami, et favorise mes prétentions. Je relèverai votre ancienne maison; je la rendrai plus illustre qu'elle ne l'a jamais été. Vous n'aurez d'autres règles à suivre que vos désirs et même vos caprices. Je porterai si loin l'abnégation de moi-même, que si vous insistez sur une condition aussi sévère, vous aurez une résidence particulière, et complètement séparée de la mienne; je ne m'y présenterai que lorsque l'amour le plus ardent, les attentions les plus constantes, auront triomphé de votre inflexibilité. Voilà ce que je vous promets pour l'avenir; quant au passé, la connaissance en sera dérobée au public. Mais, Clara Mowbray, il faut que vous m'apparteniez.

— Jamais! jamais! s'écria-t-elle avec une nouvelle véhémence, je ne puis que répéter ce mot, mais ce mot vaudra un serment. Votre rang n'est rien pour moi; je méprise votre fortune; ni les lois d'Écosse, ni celles de la nature ne permettent à mon frère de forcer mes inclinations; je déteste votre perfidie et les avantages que vous vous flattez d'en tirer; si la loi vous accordait ma main, elle ne vous donnerait que celle d'un cadavre.

— Hélas! Clara, répondit le comte, vous ne faites que vous débattre comme le poisson pris dans le filet du pêcheur. Mais je ne vous presserai pas davantage en ce moment; j'ai à songer à une autre entrevue.

Il fit un mouvement comme pour se retirer; mais Clara s'élança vers lui, et le saisissant par le bras, elle lui répéta d'une voix grave et imposante le cinquième commandement : — Tu ne tueras point.

— Ne craignez aucune violence, lui dit le comte d'Etherington d'un ton plus doux et en voulant lui prendre la main, à moins que vous ne m'y forciez vous-même par votre sévérité. Francis n'a rien à redouter de moi, pourvu que vous ne soyez pas tout-à-fait déraisonnable. Accordez-moi ce que vous ne pouvez refuser à aucun ami de votre frère, la permission de vous voir de temps en temps ; suspendez du moins l'impétuosité de votre haine contre moi, et, de mon côté, je retiendra le courant de mon juste et terrible ressentiment.

Clara, se retirant à quelques pas de lui, lui répondit : — Il y a un ciel au-dessus de nous, et c'est là que seront jugées toutes nos actions. Vous abusez d'un pouvoir que vous ne devez qu'à la plus infame trahison ; vous déchirez un cœur qui ne vous a jamais offensé ; vous cherchez une alliance avec une infortunée qui n'en désire contracter qu'avec le tombeau. Si mon frère vous attire ici, je ne puis l'en empêcher ; mais vous n'y viendrez jamais de mon consentement ; et si j'avais la liberté du choix, j'aimerais mieux être frappée de cécité pour toute ma vie, que de vous avoir encore une seule fois devant les yeux : je préfèrerais être privée du sens de l'ouïe comme l'habitant de la tombe, plutôt que de jamais entendre votre voix.

Le comte d'Etherington sourit avec un air d'orgueil. — Je puis, madame, répondit-il, souffrir ce langage sans ressentiment. Quelque soin que vous ayez pris d'ôter à votre complaisance la grace et la bonté que vous auriez pu y mettre, j'interprète ce que vous venez de me dire comme une permission que vous m'accordez de me présenter devant vous.

— Ne l'interprétez pas ainsi ! Je ne me soumets à supporter votre présence que comme on se soumet à un malheur inévitable. Dieu m'est témoin que si ce n'était pour prévenir un plus grand mal, un mal bien plus terrible, je ne porterais pas si loin la condescendance.

— Eh bien! que condescendance soit le mot. Je serai si reconnaissant de votre condescendance, miss Mowbray, que je garderai un silence absolu sur tout ce que je présume que vous ne désirez pas rendre public ; et à moins que le soin de ma défense personnelle ne m'y force absolument, je ne me porterai à aucun acte de violence contre personne. Pour le moment je vais vous délivrer de ma présence.

A ces mots il sortit de l'appartement.

CHAPITRE XXV.

EXPLICATION.

« Si vous le voulez bien, ô cire complaisante! »
SHAKSPEARE.

Dans le vestibule, le comte d'Etherington rencontra Mowbray qui rentrait après avoir donné une chasse inutile au porteur de la lettre anonyme communiquée au lecteur, et qui venait d'apprendre à l'instant même que le comte d'Etherington était avec Clara. Cette rencontre fut accompagnée d'un peu de confusion de part et d'autre. Mowbray avait encore présent à l'esprit le contenu du billet sans signature, et lord Etherington, malgré le sang-froid qu'il avait cherché à conserver, n'avait pu soutenir sans être un peu déconcerté la scène qu'il venait d'avoir avec miss Mowbray.

Mowbray demanda au comte s'il avait vu sa sœur, et l'invita en même temps à rentrer avec lui ; mais lord Etherington lui répondit, avec un air aussi indifférent qu'il le put affecter, qu'il avait joui quelques instans de l'honneur de la compagnie de miss Mowbray, et qu'il ne voulait pas mettre sa patience à une plus longue épreuve quant à présent.

— Je me flatte, milord, que vous en avez reçu un accueil agréable? J'espère qu'en mon absence Clara a fait convenablement les honneurs de ma maison?

— Miss Mowbray a paru un peu agitée par mon apparition subite, le domestique m'ayant introduit près d'elle assez brusquement. D'ailleurs, dans les circonstances où nous nous trouvions elle et moi, une première entrevue est toujours embarrassante, surtout quand il y manque la présence d'un tiers pour jouer le rôle de maître des cérémonies. Je suppose, d'après l'air que je lui ai vu, que vous n'aviez pas tout-à-fait gardé mon secret, mon cher ami. Moi-même il me semblait que j'étais un peu gauche en approchant de miss Mowbray. Mais tout est dit maintenant, et la glace étant rompue, j'espère avoir des occasions plus fréquentes et plus convenables pour profiter de l'avantage d'avoir fait la connaissance de votre aimable sœur.

— Soit, milord ; mais puisque vous parlez de quitter le château, j'aurais auparavant un mot à vous dire, et ce lieu ne convient pas pour cette conversation.

— Je suis prêt à vous écouter, mon cher John, répondit le comte, non sans un tressaillement secret, semblable peut-être à ce qu'éprouve l'araignée quand elle voit sa toile perfide menacée de quelque dommage, et que, suspendue au centre, elle examine avec inquiétude quel est le point qui aura besoin de son secours. C'est une partie, et non la plus légère, du châtiment qui attend toujours celui qui, abandonnant le sentier droit de l'honneur et de la franchise, cherche à arriver à son but par le chemin tortueux de l'intrigue et de la perfidie.

— Milord, dit Mowbray après l'avoir conduit dans un petit appartement qui contenait ses fusils, ses lignes, ses filets, en un mot tous ses instrumens de chasse et de pêche, vous avez joué franc jeu avec moi ; je suis même forcé de convenir que vous m'avez fait des avantages ; je regarde donc comme un devoir de n'écouter aucun rapport préjudiciable à la réputation de Votre Seigneurie, sans vous en faire part sur-le-champ. Voici une lettre anonyme que je viens de recevoir à l'instant. Peut-être en connaîtrez-vous l'écriture, et serez-vous à même par là d'en découvrir l'auteur.

— Je connais l'auteur, dit le comte en parcourant la lettre que Mowbray venait de lui remettre, et je vous dirai que c'est le seul être au monde que j'aurais soupçonné d'être capable de répandre des calomnies contre moi. Je me flatte, M. Mowbray, qu'il est impossible que vous regardiez cette lettre infame autrement que comme un tissu de faussetés.

— En la mettant entre vos mains, milord, sans avoir cherché ailleurs le plus léger renseignement, je vous prouve que j'en ai conçu cette opinion ; et je ne doute pas qu'il ne soit au pouvoir de Votre Seigneurie de renverser cet édifice de mensonge par les preuves les plus satisfaisantes.

— Sans contredit, M. Mowbray, car indépendamment de ce que je suis en pleine et entière possession du titre et de la fortune de mon père, j'ai son contrat de mariage, mon acte de naissance, et je puis invoquer à l'appui de mes droits le témoignage de tout un comté. Tous ces titres vous seront produits dans le plus bref délai. Vous ne trouverez pas surprenant qu'on ne voyage pas avec des documens semblables dans une chaise de poste.

— Non, sans doute, milord ; il suffit qu'ils soient produits quand nous en aurons besoin. Mais puis-je vous demander qui est l'auteur de cette lettre, et si c'est quelque motif particulier d'animosité qui le porte à écrire d'impudens mensonges, dont la réfutation est si facile ?

— C'est... il passe pour l'être du moins, un parent, je suis fâché d'être obligé de le dire, un de mes très-proches parens, un frère du côté de mon père, mais dont la naissance est illégitime. Mon père l'aimait beaucoup ; je l'aimais aussi, car il a de l'esprit, et même des talens généralement reconnus. Mais il a dans l'esprit quelque chose d'irrégulier, un grain de folie, en un mot, qui se manifeste de la manière ordinaire, et qui rend le pauvre jeune homme dupe des idées qu'il se forme de sa grandeur et de ses dignités. Cette véritable démence, qu'on rencontre assez fréquemment, lui inspire la plus forte aversion contre ses proches parens, et surtout contre moi. Du reste il a bon ton, des manières agréables, au point que beaucoup de mes amis le soupçonnent d'avoir dans la tête plus de méchanceté que de folie quand il se porte à quelques excès. Je crois être excusable de juger avec moins de rigueur un jeune homme qu'on suppose fils de mon père. J'ai vraiment le plus grand regret de la situation dans laquelle il se trouve, car il aurait pu figurer dans le monde d'une manière très-distinguée.

— Puis-je vous demander son nom, milord?

— Mon père a eu assez d'indulgence pour lui donner son propre nom de baptême, Francis, et pour y ajouter celui de notre famille, Tyrrel; mais son véritable nom, le seul auquel il ait droit, est Martigny.

— Frank Tyrrel! s'écria Mowbray. C'est précisément le nom de l'individu qui a occasioné une scène aux eaux peu de jours avant votre arrivée. Vous avez dû voir un avis, une sorte de placard...

— Je l'ai vu, M. Mowbray; mais épargnez-moi sur ce sujet, je vous en prie. C'est justement la raison pour laquelle je n'ai pas voulu parler de l'espèce de connexion qui existe entre lui et moi. Au surplus, il n'est pas extraordinaire de voir des gens dont l'esprit est dérangé se faire une querelle sans raison, et faire honteusement retraite sans vouloir la vider.

— Ou, après tout, milord, quelque événement imprévu peut l'avoir empêché de se trouver au rendez-vous. Mais quand j'y pense, milord, ce rendez-vous devait avoir lieu le jour, l'heure et près de l'endroit où vous avez reçu votre blessure; et, si je ne me trompe, vous dites avoir blessé vous-même l'homme qui vous attaqua.

— Mowbray, dit le comte en le prenant par le bras et en baissant la voix, tout cela est parfaitement vrai; et j'éprouve une grande satisfaction en voyant que, quelles qu'eussent pu être les suites de cet accident, il est certain maintenant qu'elles n'ont pu être bien sérieuses. Cette idée ne me frappa que lorsque tout fut terminé, et ce fut l'affaire d'un instant; mais il me sembla que les traits de l'individu qui m'avait attaqué ainsi à l'improviste avaient quelque ressemblance avec ceux du malheureux Frank, que je n'avais pas vu depuis plusieurs années. Quoi qu'il en soit, il ne put avoir été blessé bien dangereusement, puisque le voilà déjà en état de recommencer ses intrigues pour nuire à ma réputation.

— Votre Seigneurie voit les choses avec beaucoup de fermeté, et avec plus de sang-froid que bien des gens, à mon avis, ne seraient en état d'en montrer, après avoir échappé à un accident si désagréable.

— En premier lieu, Mowbray, je ne suis nullement sûr que ce risque ait jamais existé; car, comme je l'ai déjà dit, je n'ai vu qu'un instant l'homme qui m'a attaqué. Ensuite je suis certain maintenant que cette rencontre n'a eu aucunes fâcheuses conséquences. D'une autre part, je suis un trop vieux chasseur de renards pour craindre le fossé que je viens de franchir, quand une fois je me trouve sur l'autre bord. Voudriez-vous que j'imitasse le sot qui se trouva mal un matin à la vue d'un rocher escarpé qu'il avait gravi le soir précédent pendant qu'il était ivre? — L'homme qui a écrit cette lettre, ajouta le comte en la touchant du doigt, est vivant, il est en état de me faire des menaces, il a attenté à mes jours, et s'il a reçu de moi quelque légère blessure, il m'en a fait une dont je porterai la marque toute ma vie.

— Je suis très-loin de vous blâmer de ce que vous avez fait pour votre défense personnelle, milord; mais l'affaire aurait pu se terminer d'une manière fort désagréable. Puis-je vous demander ce que vous avez des-

EXPLICATION.

sein de faire à l'égard de ce malheureux jeune homme, qui, suivant toutes les probabilités, est encore dans les environs?

— Il faut d'abord que je découvre sa retraite, et alors je réfléchirai à ce qu'il est possible de faire pour la sûreté de ce pauvre garçon, et pour la mienne. Il est possible d'ailleurs qu'il rencontre des aigrefins qui cherchent à s'engraisser à ses dépens, car je vous assure que la fortune qu'il possède est suffisante pour attirer les yeux d'une foule de braves gens qui réussiront aisément à le dépouiller s'ils savent flatter ses folies. Puis-je vous prier à mon tour de vouloir bien être aux aguets, et si vous le voyez, ou que vous en entendiez parler, de m'en donner avis sur-le-champ?

— Je n'y manquerai certainement pas, milord; mais tout ce que je sais de lui jusqu'à présent, c'est qu'il a logé quelque temps à la vieille auberge du Croc. Il n'y demeure plus; mais il est possible que la vieille écrevisse d'hôtesse sache où le trouver.

— Je ne manquerai pas de m'en informer, dit lord Etherington.

Faisant alors ses adieux à Mowbray avec des démonstrations d'amitié, il monta à cheval, et partit pour retourner à l'hôtel du Renard.

— Voilà un futur beau-frère, se dit Mowbray en le regardant galoper dans l'avenue, qui a un sang-froid vraiment fort étrange! Il tire un coup de pistolet au fils de son père sans plus de remords que si c'eût été un coq de bruyère. Et que ferait-il donc à mon égard si nous avions quelque querelle? Ma foi! qu'il y prenne garde! je mouche une chandelle avec une balle; j'emporte l'as de cœur dans une carte; et, si quelque chose allait mal, je lui ferais voir que je me nomme Jack Mowbray et non Jack-Blanc-Bec.

En arrivant à l'hôtel, le comte d'Etherington monta sur-le-champ dans son appartement, et, n'étant pas entièrement satisfait des événemens du jour, il se mit à écrire au capitaine Jékyl, son correspondant, son agent et son confident. Heureusement cette lettre ne s'est pas perdue, et nous allons la mettre sous les yeux de nos lecteurs.

« Mon cher Harry,

« On dit qu'on s'aperçoit qu'une maison est près de s'écrouler quand les rats en délogent ; qu'un état est en décadence quand ses alliés et ses confédérés l'abandonnent ; et qu'un homme est à deux pas de sa ruine quand ses amis s'éloignent de lui. S'il faut ajouter foi à tous ces augures, je dois regarder votre dernière lettre comme un fâcheux présage de ma chute. Il me semble que je vous ai fait aller assez loin, et que j'ai assez libéralement partagé avec vous ma bonne fortune, pour que vous ayez quelque confiance en mon savoir-faire et quelque peu de foi en mes moyens et en mes manœuvres. Quel démon ennemi vous a tout à coup inspiré ce que vous voudriez faire passer pour des doutes politiques et des scrupules de conscience, mais que je ne puis regarder que comme des symptômes de crainte et d'un changement de dispositions ? Vous ne pouvez concevoir un duel entre si proches parens ; un peu plus loin l'affaire vous semble délicate et compliquée, et elle ne vous a jamais été expliquée pleinement ; enfin vous finissez par me dire que si je m'attends que vous jouerez un rôle actif dans cette affaire, ce ne peut être que lors-

EXPLICATION.

que je vous aurai honoré d'une confiance entière et sans réserve; sans quoi pourriez-vous me servir comme je le désire? Telles sont vos propres expressions.

« Maintenant, quant à vos scrupules de conscience sur un duel entre si proches parens, et vos autres fadaises du même genre, je vous dirai qu'il y a eu dans tout cela plus de bruit que de mal; et certainement il n'est pas probable que la même occasion se présente une seconde fois. Mais d'ailleurs n'avez-vous donc jamais entendu parler de querelles entre parens? Et, quand ils en ont, leur refusez-vous les mêmes privilèges que peut réclamer tout homme d'honneur? Enfin, comment puis-je savoir si ce drôle qui fait le tourment de ma vie a été bien véritablement formé du même sang que moi? Vous devez connaître un vieux proverbe qui dit qu'il est bien savant l'enfant qui connaît son père : comment peut-on donc exiger que je le sois assez pour connaître d'une manière certaine les enfans du mien? Mais je crois qu'en voilà bien assez quant à la parenté.

« Passons à la confiance entière et sans réserve. Ce que vous me dites à cet égard, Harry, est la même chose que si je vous disais de regarder à une montre et de me dire quelle heure il est, et que vous me répondissiez que vous ne pouvez me le dire, parce que vous n'en avez pas examiné les roues, les ressorts et tout le mécanisme intérieur. Mais voici le fond de l'affaire : c'est qu'Harry Jékyl, qui est un aussi fin matois qu'un autre, croit avoir quinte et quatorze contre son ami lord Etherington, et que, connaissant déjà une partie de l'histoire dudit noble lord, il croit en savoir assez pour obliger Sa Seigneurie à lui en conter le reste.

Peut-être conclut-il aussi assez raisonnablement qu'il est plus honorable, et probablement plus lucratif, d'être dépositaire d'un secret tout entier, que de n'avoir à en garder qu'une moitié ; en un mot, il est déterminé à tirer tout le parti possible des cartes qu'il a en main.

« Un autre que moi, honnête Harry, se donnerait la peine de rappeler le passé, et bien des circonstances que vous semblez avoir oubliées ; puis il finirait par exprimer humblement son opinion que si Harry Jékyl est requis aujourd'hui de rendre un service au susdit noble lord, Harry en tient déjà la récompense dans sa poche. Mais ce n'est pas ainsi que je raisonne, parce que j'aime mieux qu'un ami ligué avec moi me serve par l'espoir du profit qu'il attend, que par reconnaissance des bienfaits qu'il a déjà reçus. Le premier est comme le chien qui suit la piste du renard, et qui la sent d'autant mieux qu'il est plus près de le mettre aux abois ; l'autre est comme celui qui a perdu la piste, et dont l'ardeur se refroidit à mesure qu'il voit qu'il lui est impossible de la retrouver. Je me soumets donc aux circonstances, et je vais vous conter toute l'histoire, quoiqu'elle soit un peu longue, espérant de la terminer en vous faisant sentir un gibier que vous poursuivrez ventre à terre.

« Je commence donc : — Francis, cinquième comte d'Etherington, et mon très-honoré père, était ce qu'on appelle un homme très-bizarre, c'est-à-dire qu'il n'était ni fou ni sage. Il avait trop de bon sens pour aller se jeter dans un puits ; et cependant, dans quelqu'un des accès de fureur auxquels il était sujet, il aurait quelquefois été assez fou pour y jeter tout autre que lui. Bien des gens prétendent qu'il portait dans la tête un germe de démence. Mais fi de l'oiseau qui salit son propre nid! ainsi je n'en dirai pas davantage. Ce pair à cerveau un peu fêlé était d'ailleurs un très-bel homme. Il avait dans la physionomie une certaine expression de hauteur, mais il savait la rendre singulièrement agréable quand tel était son bon plaisir. C'était un homme, en un mot, fait pour pousser avantageusement sa pointe auprès du beau sexe.

« Lord Etherington, tel que je viens de vous le décrire, pendant son voyage d'usage sur le continent, se laissa surprendre le cœur en France par une jolie orpheline, nommée Marie de Martigny. Quelques personnes ont même prétendu que le don de sa main avait suivi celui de son cœur. Quoi qu'il en soit, on dit, car je suis déterminé à n'avoir aucune certitude sur ce point, *on dit* donc que de cette union naquit cet être incommode, Frank Tyrrel, comme il se nomme; ou plutôt, comme il me convient mieux de le nommer, Francis Martigny, ce dernier nom favorisant mes vues autant que le premier peut favoriser ses prétentions. Or, je suis trop bon fils pour reconnaître la prétendue régularité du mariage entre mon très-honorable et très-bon père avec ladite Marie Martigny, puisque, à son retour en Angleterre, mon susdit très-honorable et très-bon père épousa, en face de l'église, ma très-affectionnée et très-richement dotée mère, Anne Bulmer, de Bulmer-Hall, de laquelle heureuse union naquit votre serviteur, Francis Valentin Bulmer Tyrrel, héritier légitime des domaines réunis de mon père et de ma mère, comme possesseur incontestable de leurs anciens noms. Mais le noble et riche couple, quoique ayant reçu du ciel un gage d'amour tel que moi, vécut en grande mésintelligence, et ce qui l'augmenta encore, ce fut que mon très-honorable père jugea à propos de faire venir de France cet autre Sosie, ce malheureux Frank Tyrrel, et voulut, contre toute bienséance, qu'il résidât chez lui, et qu'il partageât l'éducation dont le véritable Sosie, Francis Valentin Bulmer Tyrrel, a profité à un degré si peu ordinaire.

« Maintes disputes matrimoniales s'élevèrent entre le noble époux et la respectable épouse, par suite de cette réunion inconvenante de deux enfans, l'un légitime, l'autre illégitime; et souvent, avec autant de bon sens que d'égards pour le décorum, ils nous rendaient témoins de ces querelles, nous qui en étions la malheureuse cause. Une fois, ma très-honorable mère, noble dame jouissant de son franc-parler, trouva que le langage de son rang était insuffisant pour exprimer la force de ses sentimens généreux, et empruntant à la canaille deux mots expressifs, elle les appliqua à Marie de Martigny et à son fils, Frank Tyrrel. Jamais homme qui porta une couronne de comte ne se mit dans une fureur semblable à celle qui transporta mon père en ce moment; et, dans la chaleur de sa réplique, il adopta les nobles expressions de ma mère, et s'écria que si jamais c——n et bâtard avaient existé dans sa famille, c'étaient elle-même et son marmot.

« J'étais alors un petit gaillard qui ne manquait pas d'intelligence, je fus frappé d'un propos qui avait échappé à mon très-honorable père. Il est vrai qu'il rentra en lui-même sur-le-champ, peut-être en se rappelant qu'il existait un mot comme celui de *bigamie*, et qu'il entraînait des conséquences fâcheuses. Ma mère, de son côté, réfléchit probablement au désagrément que pourrait lui occasioner la métamorphose dégradante d'une comtesse d'Etherington en une mistress Bulmer, qui ne serait ni fille, ni femme, ni veuve. En conséquence une réconciliation s'effectua entre eux, et elle dura quelque temps. Mais les paroles de mon père ne s'effacèrent jamais de mon souvenir; et, ce qui contribua à les y graver encore plus profondément, ce fut qu'un jour que je voulais prendre sur mon ami Frank Tyrrel l'autorité d'un frère légitime, d'un lord Oakendale, le vieux Cecil, valet de chambre de confiance de mon père, se trouva tellement scandalisé, qu'il osa me faire entrevoir la possibilité que nous changeassions un jour de place ensemble.

« Ces deux communications accidentelles me parurent la clef de certains longs sermons dont mon très-honorable père avait coutume de nous régaler tous deux, mais moi particulièrement, sur l'extrême instabilité des choses humaines, sur le désappointement qu'on pouvait éprouver dans ses espérances les mieux fondées, sur la nécessité d'acquérir dans toutes les branches de connaissances utiles des talens qui, en cas d'événement, mettent à même de remplacer la perte du rang et de la fortune; comme si aucun talent, aucune science pouvait dédommager de la perte du titre de comte et de douze mille livres sterling de revenu! Tout ce radotage m'inquiétait et me semblait avoir pour but de me préparer à quelque fâcheux changement.

« Lorsque je fus assez âgé pour prendre en secret toutes les informations qu'il me fut possible d'obtenir, je devins encore plus convaincu que mon très-honorable père nourrissait quelques idées de faire une honnête femme de Marie de Martigny, et un fils aîné légitime de Tyrrel, du moins après sa mort, sinon pendant sa vie. J'en devins encore plus assuré quand une petite affaire qu'il m'arriva d'avoir avec la fille de mon gouverneur attira sur moi le courroux de mon père, qui prononça mon bannissement en Écosse, où il me dit que Frank m'accompagnerait, ne m'accordant qu'une pension très-modique, me défendant de prendre le titre de lord Oakendale, et m'ordonnant de me contenter de celui de mon aïeul maternel, Valentin Bulmer, celui de Frank Tyrrel étant déjà occupé.

« Malgré la crainte que m'inspirait habituellement le caractère irascible de mon père, j'osai lui dire en ce moment que, puisque je devais quitter mon titre, je croyais avoir le droit de conserver le nom de ma famille, et que Frank pouvait prendre celui de sa mère. Je voudrais que vous eussiez vu le regard de fureur que mon père me lança lorsque je lui eus fait cette observation hardie. — Tu es, me dit-il, — et il s'arrêta un moment comme pour chercher une expression assez forte pour remplir la lacune, — tu es le fils de ta mère, et son portrait vivant. Cela me parut le reproche le plus sanglant qu'il m'eût jamais adressé. — Porte donc son nom, et porte-le avec patience et avec discrétion, ou je te donne ma parole que tu n'en porteras jamais d'autre de ta vie.

« Cette menace me ferma la bouche. Peu de temps après, faisant allusion à ma petite intrigue avec la fille de mon précepteur, il fit une longue dissertation sur la folie et l'iniquité des mariages secrets, m'avertit que, dans le pays où j'allais, le nœud coulant du mariage était souvent caché sous des fleurs, et qu'on se le laissait quelquefois passer autour du cou au moment où l'on s'y attendait le moins. Il m'assura qu'il avait des vues très-particulières pour mon établissement et celui de Frank ; et que jamais il ne pardonnerait à celui de nous qui, en formant des nœuds précipités, mettrait obstacle à leur accomplissement.

« Cet avis, mêlé de menaces, me parut d'autant plus supportable que Frank en avait sa part, et l'on nous emballa dans une voiture pour l'Écosse, accouplés comme deux chiens d'arrêt tenus par la même laisse, et chacun de nous, je puis du moins répondre d'un, n'ayant pour l'autre rien moins qu'un sentiment de cordialité. Je surpris souvent Frank me regardant avec une expression singulière, comme de pitié et d'inquiétude, et une ou deux fois il me parut disposé à entrer en conversation sur notre situation respective ; mais je ne me sentais aucun désir d'avoir avec lui des épanchemens de confiance.

« D'après l'ordre de mon père, nous nous donnions le nom de cousins, et non celui de frères, et peu à peu nous nous habituâmes à nous regarder, sinon en amis, du moins en compagnons. Je ne sais ce que pensait Frank ; quant à moi, j'avoue que j'étais aux aguets pour trouver quelque occasion de faire ma paix avec mon père, fût-ce aux dépens de mon rival. Et, tandis que la fortune semblait se refuser à m'en présenter, elle nous égara tous deux dans un des labyrinthes les plus étranges et les plus compliqués que cette divinité capricieuse ait jamais préparés pour les hommes; labyrinthe dont, même encore en ce moment, je cherche à me tirer par adresse ou par force. Je ne sais quelle bizarre conjonction de planètes a pu produire une telle complication d'événemens.

« Mon père aimait passionnément la chasse. Frank et moi nous avions hérité de ce goût, mais c'était moi qui m'y livrais avec le plus d'ardeur et d'enthousiasme. Edimbourg, qui offre une résidence tolérable pendant l'hiver et le printemps, devient un séjour désagréable en été, et en automne c'est bien le lieu le plus triste que de pauvres mortels aient jamais été condamnés à habiter. Nul endroit d'amusement public n'est ouvert, nulle personne de considération ne reste dans la ville; ceux qui ne peuvent en sortir se cachent dans quelque coin obscur, comme s'ils étaient honteux de se montrer dans les rues. La noblesse s'enfuit dans ses maisons de campagne; le bourgeois va aux eaux; les avocats suivent les circuits de la cour des sessions; les procureurs sont en tournée chez leurs cliens, et tout le monde prend son fusil pour aller chasser. Sensibles à la honte de passer dans la ville une saison où elle était déserte, nous obtînmes de mon père, non sans difficulté, la permission d'aller chasser dans quelque coin obscur, si nous pouvions nous en procurer les moyens sans nous faire connaître autrement que comme de jeunes Anglais étudiant à l'université d'Édimbourg.

« La première année de notre exil, nous allâmes chasser dans les environs des montagnes d'Écosse; mais les garde-chasses et leurs adjoints nous ayant souvent interrompus dans nos amusemens, l'automne suivant nous nous établîmes dans ce petit village de Saint-Ronan, où l'on ne voyait alors ni eaux thermales, ni belles dames, ni tables de jeu, ni originaux, à l'exception d'une vieille folle d'hôtesse chez qui nous logions. L'endroit nous plut. La vieille aubergiste connaissait un vieux coquin, l'agent d'un gentilhomme qui ne résidait pas sur ses domaines, et elle eut le crédit d'obtenir de lui pour nous la permission de chasser sur les terres de son commettant. Nous en profitâmes, moi avec ardeur, Frank avec plus de modération; car il était d'un caractère grave, et il préférait souvent à la chasse une promenade solitaire dans les beaux paysages dont ce village est environné. Cependant il aimait la pêche, cet amusement le plus insipide de tous ceux que la sottise de l'homme ait inventés, et c'était une seconde cause qui nous séparait souvent l'un de l'autre. J'en étais plutôt charmé que contrarié; non que j'eusse alors aucune haine contre Frank; non que sa société me déplût, mais parce qu'il était désagréable de me trouver toujours en face d'un homme dont je craignais que la fortune ne fût un jour en opposition directe avec la mienne. Je le méprisais presque à cause de l'indifférence qu'il montrait pour la chasse, indifférence qui augmentait de jour en jour. Mais le gaillard avait plus de goût que je ne lui en supposais; et, s'il ne poursuivait pas les perdrix dans la plaine, il avait fait lever un faisan dans le bois.

« Clara Mowbray, fille du seigneur du domaine plus pittoresque que considérable de Saint-Ronan, était à peine alors dans sa seizième année. C'était une nymphe des bois, aussi belle, aussi vive, aussi légère que l'imamagination puisse en créer; simple comme un enfant, en tout ce qui concerne le monde et ses usages; fine comme l'ambre dans tout ce qu'elle avait pu avoir l'occasion d'apprendre; ne supposant pas que personne pût ou voulût lui nuire, et ayant un esprit naturel dont la vivacité inspirait l'enjouement et la gaieté partont où elle se trouvait. Elle n'éprouvait aucune contrainte, et n'avait à consulter que son inclination ; car son père, vieillard bourru et grondeur, était retenu sur son fauteuil par la goutte, et son unique compagne, fille d'une caste inférieure, habituée à une complète déférence pour les fantaisies de miss Mowbray, la suivait à la vérité dans toutes les courses qu'elle faisait dans le pays, soit à pied, soit à cheval ; mais ne pensait jamais à la contrarier dans la moindre de ses volontés.

« La solitude de ce canton, à cette époque, et la simplicité de ses habitans, semblaient écarter de ses excursions toute idée de péril. Frank, l'heureux coquin, devint le compagnon des deux jeunes filles dans leurs promenades, grace à l'incident suivant. Miss Mowbray et sa compagne s'étaient déguisées en paysannes pour aller surprendre la famille d'un gros fermier des environs. Elles avaient accompli leur projet, et retournaient au château après le soleil couché, quand elles furent rencontrées par un jeune rustre, un Harry Jékil dans son genre, qui, ayant quelques verres de whisky dans la tête, ne reconnut pas la noblesse du sang sous leur déguisement, et accosta la fille d'une centaine d'aïeux comme si c'eût été une laitière. Miss Mowbray se plaignit, sa compagne poussa les hauts cris ; et voilà le cousin Frank qui arrive son fusil de chasse sur l'épaule, et qui fait détaler à la hâte le jeune grivois.

« Ainsi commença une connaissance qui fit de bien grands progrès avant que je la découvrisse. La belle Clara, à ce qu'il paraît, trouvait plus de tranquillité en rôdant dans les bois avec une escorte masculine, que lorsqu'elle les parcourait sans autre protection qu'une compagne de son sexe; et mon studieux et sentimental parent ne la quittait guère plus que s'il eût été son ombre. A leur âge il était probable qu'il se passerait quelque temps avant qu'ils pussent s'entendre; cependant une confiance absolue, une intimité parfaite s'étaient déjà établies entre eux, avant que je me doutasse de leurs amours.

« Mais il faut que je fasse ici une pause, Harry; je vous enverrai la fin de l'histoire par le prochain courrier. La blessure que j'ai reçue à l'épaule l'autre jour me répond encore au bout des doigts; vous vous en apercevrez à mon écriture, que je vous engage à ne pas critiquer trop sévèrement.

« ETHERINGTON. »

CHAPITRE XXVI.

LETTRE CONTINUÉE.

« Faut il, mort de ma vie !
» Être l'historien de ma propre folie ? »
Shakspeare.

« Je reprends la plume, Harry, pour vous dire, mais non pour essayer de vous peindre quelle fut ma surprise, quand, forcé par les circonstances, Frank me fit confidence de son intrigue amoureuse. Mon grave cousin amoureux! sur le point de faire le saut périlleux d'un mariage clandestin! Lui qui de temps en temps (ce qui ne tendait guère à l'accroissement de notre tendresse fraternelle) me débitait un sermon sur le respect filial, à la veille de secouer ce frein importun ! Je ne pourrais dire, y allât-il de ma vie, ce qui l'emporta en moi d'un sentiment de surprise ou de celui d'une maligne satisfaction. J'essayai de lui parler comme il m'avait parlé; mais je n'avais pas le don de la persuasion, ou il n'avait pas celui d'entendre mes paroles de sagesse. Il me répondit que notre situation était bien différente; que sa malheureuse naissance (ce fut le terme dont il se servit) l'affranchissait de la nécessité de se soumettre aux volontés absolues de son père; qu'un parent de sa mère lui avait laissé une fortune modique, mais indépendante; que miss Mowbray consentait à la partager avec lui; enfin qu'il me demandait, non mes avis, mais mon assistance.

« Il ne me fallut qu'un moment de réflexion pour me convaincre que je me rendrais coupable envers ce bon Frank, et surtout envers moi-même, si je ne lui donnais tout l'appui qui dépendrait de moi pour mettre à exécution un projet inspiré par la soumission filiale. Je me rappelai les déclamations de notre très-honorable père contre les mariages à l'écossaise et contre les mariages secrets en général, déclamations qu'il faisait peut-être avec d'autant plus de véhémence, que sa conscience le chatouillait sans doute un peu lui-même à ce sujet. Je me souvins que le grave Frank avait toujours été son favori; et je n'oubliai pas (comment aurais-je pu commettre un tel oubli?) ces expressions de mauvais augure qui laissaient entrevoir la possibilité que les biens et les honneurs héréditaires de la famille passassent du fils cadet au fils aîné. Or, il ne fallait pas être grand sorcier pour prévoir que, si Frank se rendait coupable du crime irrémissible de se marier secrètement à une belle Ecossaise, notre père perdrait toute idée de faire une pareille révolution en sa faveur; et que, tandis que le mérite de mon frère serait entièrement éclipsé par un acte de désobéissance si impardonnable, le mien, n'étant plus obscurci par la prévention et la partialité, brillerait de tout son éclat.

« Ces considérations, dont mon esprit fut vivement frappé, me déterminèrent à tenir les cartes de Frank pendant la partie dangereuse qu'il se proposait de jouer. J'avais seulement à prendre garde de ne pas me charger d'un rôle assez brillant pour qu'il pût attirer l'attention de mon père, ce qui n'était pas très-difficile : car si sa colère était bruyante et terrible comme la foudre, si elle éclatait avec une violence irrésistible, elle ne frappait guère, comme la foudre, que sur le point seul qui l'attirait.

« Je ne tardai pas à reconnaître que les amans avaient besoin de mes secours beaucoup plus que je ne l'avais supposé; car ils étaient complètement novices dans un genre d'intrigue qui me semblait aussi facile et aussi naturel que le mensonge. Quelque bavard avait découvert les promenades de Frank avec Clara, et en avait fait rapport au vieux Mowbray, qui se mit dans un courroux épouvantable contre sa fille, quoique le seul crime dont il la soupçonnât fût d'avoir fait la connaissance d'un étudiant anglais inconnu. Il lui défendit de le voir davantage; résolut, en style de juge de paix, de débarrasser le pays de notre présence; et, gardant un silence prudent sur le délit de sa fille, il intenta une poursuite contre Frank, sous prétexte de braconnage, mais, dans le fait, pour l'obliger à déloger des environs. Son signalement très-exact fut distribué à tous les garde-chasses du voisinage du château des Shaws, et toute communication personnelle avec Clara lui devint impossible, à moins de s'exposer à de grands risques. Nos amans prirent tellement l'alarme, que maître Frank, par égard pour les craintes de Clara, jugea à propos de se retirer dans une ville peu éloignée, nommée Marchtorn, d'y rester caché, et de n'avoir plus avec sa belle qu'un commerce épistolaire.

« Ce fut alors que je devins la maîtresse ancre des espérances du jeune couple. Ma dextérité précoce et mon imaginative furent pour la première fois mises à l'épreuve. Il serait trop long de vous détailler toutes les ressources, toutes les ruses que je mis en œuvre pour jouer convenablement le rôle d'agent, de facteur, d'entremetteur, et pour entretenir une correspondance entre ces deux tourterelles séparées. Je n'ai pas manqué d'embarras en ce genre pour mon propre compte, mais jamais je n'en ai eu la moitié autant que je m'en donnai d'une manière si désintéressée pour ces deux amans. Je traversai des rivières à la nage ; j'escaladai des murailles ; je mis des chiens en défaut ; je bravai des coups de bâton et des coups de fusil ; et cependant il ne pouvait m'en revenir ni honneur ni profit, sauf la perspective éloignée du courroux de mon père contre Frank. Je vous avouerai que je trouvai Clara Mowbray si belle, si pleine d'une confiance entière dans le cousin de son amant, et que j'eus tant d'occasions d'entrevues secrètes avec elle, qu'il y avait des momens où je pensais qu'en conscience elle ne devrait pas se faire un scrupule d'accorder quelque petite récompense à un agent si fidèle. Mais elle avait l'air de la pureté personnifiée ; et j'étais alors si novice que je n'aurais su comment battre en retraite si je m'étais avancé trop hardiment. En un mot, je crus que ce que j'avais de mieux à faire était de servir ce tendre amour, dans l'espoir qu'avec le temps cette conduite m'assurerait le titre de comte et la fortune qui y était jointe.

« Je ne me permis donc pas une démarche, un mot, un geste, qui pussent donner lieu au moindre soupçon, et comme ami confidentiel des deux amans, je préparai tout pour leur mariage secret. Le ministre de la paroisse consentit à en célébrer la cérémonie, et je ne l'y décidai qu'en ayant recours à un argument dont Clara m'aurait su peu de gré; je fis croire à ce brave homme que, s'il refusait son ministère en cette occasion, il empêcherait un amant trop heureux de rendre justice à une jeune fille qui avait été trop fragile; et le digne pasteur qui, comme je le savais, avait dans le caractère quelque chose de romanesque, se détermina, vu l'urgence des circonstances, à leur rendre le service de les enchaîner l'un à l'autre, au risque de s'exposer lui-même à une accusation d'irrégularité dans l'exercice de ses fonctions.

« Le vieux Mowbray était presque toujours tenu au lit ou cloué sur son fauteuil par la goutte; sa fille était moins surveillée depuis que Frank avait disparu des environs; son fils, le Mowbray d'aujourd'hui, n'était pas alors dans le pays, ce que j'aurais peut-être dû vous dire plus tôt; il fut donc décidé que les amans se rendraient dans la vieille église au commencement de la nuit, et que aussitôt après la cérémonie ils monteraient en chaise de poste pour se retirer en Angleterre.

« Quand tout cela eut été arrangé, et qu'il ne resta plus qu'à fixer un jour pour la consommation de cette prudente entreprise, vous ne pourriez vous figurer quels furent les transports de joie et de reconnaissance de mon sage frère. Il se regarda comme sur le point de monter au septième ciel, au lieu de songer qu'il allait perdre la chance de sa fortune à venir, et se charger à dix-huit ans, avec un revenu borné, d'une femme qui, suivant toutes les probabilités, lui donnerait une famille nombreuse. Quoique plus jeune que lui, je ne pouvais m'empêcher d'être surpris qu'il fût si dépourvu de toute connaissance du monde, et je rougissais de lui avoir permis de prendre quelquefois avec moi des airs de pédagogue. Ce sentiment intime de ma supériorité me soutenait contre les angoisses de jalousie que j'éprouvais toujours quand je songeais qu'il allait recueillir le fruit de tous mes soins, et remporter un prix que sans mon adresse il n'eût jamais obtenu.

« Dans ce moment de crise je reçus de mon père une lettre qui, adressée à notre demeure ordinaire à Édimbourg, en était partie pour aller nous chercher dans les montagnes d'Écosse, dans le village où nous avions déjà passé quelque temps, et après avoir été renvoyée dans la capitale, m'était enfin parvenue à Saint-Ronan.

« C'était une réponse à une de mes lettres, semblables à celles qu'un fils affectueux écrit à un cher papa, et qui contenait, entre autres choses, des descriptions du pays, des détails sur nos études, et pour remplir convenablement le papier, j'avais ajouté quelques mots sur la famille de Mowbray de Saint-Ronan, qui habitait le canton dans lequel nous nous trouvions. Je n'avais pas la moindre idée que ce nom pût produire quelque effet sur l'esprit de mon très-honorable père, mais sa lettre m'apprenait le contraire. Il me recommandait de cultiver la connaissance de M. Mowbray, et m'autorisait, si je le trouvais nécessaire, à lui décliner nos véritables noms et qualités. Réfléchissant en même temps que son admonition paternelle pourrait être négligée, si elle n'était appuyée sur un motif suffisant pour lui donner plus de force, il me mit franchement dans la confidence du testament de mon grand-oncle maternel, M. Mowbray de Nettlewood, et j'appris, avec autant d'étonnement que d'alarmes, qu'un grand et magnifique domaine était légué au fils aîné et héritier du comte d'Etherington, à condition qu'il formerait une alliance matrimoniale avec la famille Mowbray de Saint-Ronan.

« Merci du ciel! comme j'ouvris de grands yeux! Et c'était moi qui avais aplani les voies pour que Frank épousât précisément la fille dont la main devait m'assurer une fortune brillante et indépendante! Et cette première perte, déjà grande en elle-même, ne serait probablement pas la dernière. Mon père parlait du mariage en spéculateur, mais du domaine de Nettlewood en amant passionné. Il semblait raffoler du plus mauvais acre de terre qui en faisait partie. Il parlait du voisinage de ses propres domaines comme d'une circonstance qui non-seulement rendait leur possession par un seul maître désirable, mais la montrait indiquée par la main de la nature. Et, quoiqu'il me fît observer qu'attendu la jeunesse des parties, il n'était pas possible d'entrer sur-le-champ en négociation pour ce mariage, il était clair qu'il approuverait, au fond du cœur, un coup hardi auquel il serait redevable d'une prompte et légale réunion des domaines d'Oakendale et de Nettlewood.

« Là venaient donc se briser toutes mes espérances. Il était clair, comme le soleil en plein midi, qu'un mariage secret, crime impardonnable en principe, deviendrait un péché véniel, serait même un acte méritoire aux yeux de mon père, s'il unissait son héritier à Clara Mowbray ; et s'il était réellement en son pouvoir, comme mes craintes me le suggéraient, d'établir la légitimité de mon frère, rien ne pouvait lui donner une aussi forte tentation de le faire, que la certitude de pouvoir par ce moyen réunir le domaine de Nettlewood à celui d'Oakendale. La catastrophe que j'avais préparée comme devant faire perdre à mon rival les bonnes graces de mon père allait donc probablement donner au comte le motif le plus puissant pour me dépouiller de mes droits en faveur de Frank.

« Je montai dans ma chambre, je m'y enfermai, et je relus la lettre de mon père. Mais au lieu de m'abandonner à un désespoir inutile (n'en faites jamais rien, Harry, même dans les circonstances les plus fâcheuses!), je me mis à chercher, avec toute l'intensité d'attention dont j'étais capable, si le mal était tout-à-fait sans remède. Faire échouer le projet de mariage secret, rien n'était plus facile. Il ne s'agissait que d'en faire donner avis à temps à M. Mowbray. Mais alors le traité pouvait se renouveler un jour sous les auspices de mon père. Dans tous les cas, le rôle que j'avais joué dans l'intrigue entre Clara et mon frère me rendait presque impossible de lui faire la cour pour mon propre compte.

« Au milieu de tous ces embarras, une idée lumineuse se présenta tout à coup à mon cœur audacieux et à mon esprit inventif. Et si je jouais le rôle du futur époux ? Vous vous souviendrez que ce fut dans un cerveau bien jeune que cette idée prit naissance. Elle en fut bannie, y revint, y revint encore, et encore ; je l'envisageai sous toutes les faces ; je me la rendis familière, et je l'adoptai.

Il était facile de fixer le jour avec Clara et le ministre, sans que mon frère en fût instruit, puisque j'avais seul la conduite de toute l'affaire. Frank et moi nous étions de la même taille. Le déguisement que nous devions prendre, l'obscurité de l'église, la précipitation du moment, la timidité, tout empêcherait Clara de me reconnaître ; je l'espérais du moins. Quant au ministre, je n'avais qu'à lui dire que, quoique je lui eusse jusqu'alors parlé d'un ami, c'était moi qui étais l'heureux mortel. Mon premier nom était précisément celui de Frank ; et dans mes relations avec Clara, je l'avais trouvée si douce et si confiante, elle m'avait toujours montré une cordialité si flatteuse, qu'avec la vanité d'un amoureux de seize ans, j'avais assez de confiance en moi pour croire qu'une fois en mon pouvoir, la honte et mille sentimens contradictoires ne lui permettraient plus de reculer, et qu'elle prendrait son parti bravement sur la substitution de mari.

« Certainement jamais projet plus fou n'est entré dans l'esprit d'un écervelé ; et ce qui est encore plus extraordinaire (mais cela vous le savez déjà), c'est qu'il réussit complètement. Le ministre nous donna la bénédiction nuptiale en présence de mon domestique et de la compagne complaisante de Clara. La cérémonie terminée, nous montâmes en voiture, mais nous n'étions qu'à un mille de l'église, quand mon malheureux ou heureux frère, qui avait découvert mon tour de passe-passe, sans que j'aie jamais pu savoir par quel moyen, car Solmes m'avait donné trop de preuves de fidélité pour que je pusse le soupçonner, se montra tout à coup, et força le postillon à s'arrêter. Je me précipitai hors de la chaise de poste, j'envoyai la fraternité au diable, et, moitié honte, moitié désespoir, je m'escrimai d'un couteau de chasse dont je m'étais pourvu en cas de nécessité. Tout fut inutile : je fus renversé sous la roue de la voiture, et les chevaux s'étant effarouchés en ce moment, elle me passa sur le corps.

« Ici finit ma narration ; car je ne vis et n'entendis plus rien, jusqu'au moment où je me trouvai étendu sur un lit, à plusieurs milles de la scène de l'action, ayant près de moi Solmes pour me soigner. En réponse aux questions que je m'empressai de lui faire, il me répondit brièvement que M. Frank avait renvoyé la jeune dame chez son père, et qu'elle paraissait souffrir extrêmement des suites de l'alarme qu'elle avait eue. Il m'avoua qu'on regardait ma situation à moi-même comme très-précaire, et que Frank, qui était dans la même maison, éprouvait les plus vives inquiétudes à mon égard. Son nom seul détermina une crise, pendant laquelle il se déclara chez moi un violent crachement de sang; et, ce qui vous paraîtra assez singulier, c'est que le médecin qui me donna ses soins, personnage à perruque et à figure grave, prétendit que cette évacuation était fort heureuse pour moi. Tout ce que je puis dire, c'est qu'elle m'effraya diablement, et qu'elle me mit dans des dispositions convenables pour recevoir la visite de Frank.

« Je le reçus avec une apathie dont je n'aurais pas été capable si mes veines eussent contenu tout le sang qui y coulait ordinairement. Mais rien ne prépare mieux à écouter un sermon que la maladie et la lancette. Enfin, pour me délivrer de son odieuse présence, et n'avoir plus à entendre le son calme de sa voix maudite, je consentis peu à peu et fort à contre-cœur à un arrangement en deux clauses : la première fut que nous nous dirions adieu pour toujours l'un à l'autre, et la seconde que nous renoncerions tous deux à Clara, pour ne plus la revoir. J'hésitai à souscrire à cette stipulation. — Elle est ma femme, dis-je, et j'ai droit de la réclamer en cette qualité.

« Cette réclamation ne fit qu'attirer sur moi un déluge de reproches amers et de réflexions morales, qui finirent par l'assurance que Clara détestait et désavouait un tel mariage, et que lorsqu'il y avait erreur essentielle de personne, la cérémonie de l'union conjugale était regardée comme de nul effet par les lois de tout pays chrétien. Je suis surpris que cette réflexion ne se soit pas présentée à mon esprit ; mais j'avais puisé mes idées de mariage dans les comédies et dans les romans, où l'on emploie souvent des stratagèmes du genre de celui que j'avais mis en usage, sans jamais dire un mot de leur illégalité. D'ailleurs je m'étais fié, peut-être un peu trop légèrement, sur les moyens que je me supposais pour convaincre une jeune épouse comme Clara, qu'un mari en valait un autre, et qu'elle ne perdrait rien au change.

« Solmes argumenta à son tour, quand Frank m'eut soulagé en me délivrant de sa présence. Il me parla du ressentiment qui transporterait mon père, si le bruit de mes aventures arrivait à ses oreilles ; de l'esprit de vengeance qui animerait le vieux Mowbray, naturellement fier et vindicatif, si cette affaire venait à être connue ; du risque auquel je m'exposais de la part des lois du pays ; et Dieu sait combien d'épouvantails il présenta tour à tour à mon imagination. A un âge plus avancé je n'aurais fait qu'en rire ; mais alors j'acceptai la capitulation, je fis vœu d'absence éternelle, et je m'exilai d'Écosse.

« Et ici, Harry, remarquez et respectez mon génie ; tout était contre moi dans cette négociation : j'avais été l'agresseur ; j'étais blessé, et l'on peut dire prisonnier entre les mains de mon ennemi ; eh bien ! j'eus l'art de profiter si heureusement de l'ardeur que montrait M. Martigny pour conclure la paix, que je fis ajouter au traité un article aussi avantageux pour moi que défavorable pour lui. Ledit Frank Martigny devait se charger de tout le fardeau du mécontentement de mon très-honorable père, et notre séparation, dont nous savions qu'il serait violemment courroucé, devait être entièrement attribuée à mon antagoniste, sans que j'y trempasse en rien. J'insistai fortement sur ce point, car j'avais la conscience trop timorée, j'étais un fils trop respectueux pour consentir à quoi que ce fût qui pût attirer sur moi le déplaisir de ce cher papa. Ce fut un *sine quâ non* dans notre négociation ; je l'emportai,

Et voilà ce que c'est que d'avoir des talens.

« Au surplus, M. Frank aurait, je crois, chargé ses épaules du fardeau du monde entier, pour tracer une ligne de séparation éternelle entre sa tourterelle et le faucon qui avait voulu si audacieusement en faire sa proie. J'ignore ce qu'il écrivit à mon père ; quant à moi, comme de raison, je lui représentai le mauvais état de ma santé comme l'effet d'un accident, et lui dis que mon frère, mon cousin, mon compagnon, m'ayant quitté tout à coup, d'après des motifs qu'il ne m'avait pas expliqués, je croyais nécessaire de me rendre à

Londres pour consulter la docte faculté, et que je n'attendais que la permission de Sa Seigneurie pour reprendre le chemin de la maison paternelle. Je ne tardai pas à la recevoir, et, comme je m'y attendais, je trouvai mon père furieux contre mon frère, à cause de sa désobéissance; et, quelque temps après, j'eus même lieu de croire (et comment aurait-il pu en être autrement, Harry?) que, connaissant mieux le mérite et les manières aimables de son héritier présomptif, il perdit tout le désir qu'il pouvait avoir eu d'effectuer un changement dans ma situation dans le monde. Peut-être le vieux père devint-il un peu honteux de sa propre conduite, et n'osa-t-il pas avouer en face de la congrégation des justes, car il se fit dévot sur la fin de ses jours, les petites peccadilles dont il paraît s'être rendu coupable dans sa jeunesse. Peut-être aussi la mort de ma mère fut-elle une chance en ma faveur; car, tant qu'elle vécut, les paris auraient dû être contre moi : qui sait ce dont un homme est capable pour faire mourir sa femme de dépit? En voilà assez; il est mort, il dort avec ses très-honorables pères, et je suis devenu, sans opposition, un *très-honorable* (1) en sa place.

« Comment j'ai soutenu mes nouveaux honneurs, c'est ce que vous savez, Harry, vous et nos joyeux compagnons. New-Market et Tattersal (2) peuvent dire le reste. Je crois que j'ai eu autant de bonheur que tant d'autres dans tout ce qu'on regarde comme bonheur ; ainsi nous n'en dirons pas davantage sur ce sujet.

(1) Titre des lords de la Grande-Bretagne. — Tr.
(2) Les courses et les paris. New-Market est célèbre pour les courses, Tattersal à Londres pour l'achat des chevaux. — Éd.

« Et maintenant, Harry, je vous supposerai en humeur de moraliser, c'est-à-dire je poserai l'hypothèse que les dés se sont déclarés contre vous, ou que votre fusil à deux coups a fait long feu, ou qu'une certaine dame vous a battu froid, ou enfin que quelque autre cause non moins puissante vous a donné un air de gravité, et que vous voulez me faire profiter de vos dispositions sérieuses. Mon cher Etherington, me dites-vous éloquemment, vous êtes un fou précieux! Vous voilà occupé d'une affaire scandaleuse en elle-même, et qui peut tourner fort mal pour tous ceux qu'elle concerne; une affaire qui pourrait dormir éternellement, si vous ne vous mettiez en quatre pour la réveiller, mais qui ressemble au charbon à demi éteint, dont la flamme jaillit encore si on l'attise. — Je voudrais prier Votre Seigneurie de me répondre à deux questions, dites-vous en prenant l'attitude gracieuse qui vous est ordinaire, c'est-à-dire en tirant en haut perpendiculairement le collet de votre chemise, et en passant la main sur le nœud de votre cravate. Seulement deux questions : l'une, ne vous repentez-vous pas du passé? l'autre, ne craignez-vous pas l'avenir! — Vos deux petites questions pourraient nous mener bien loin, Harry, car elles s'étendent sur le passé et sur le futur, sur toute la vie de l'homme en un mot. Je tâcherai pourtant d'y répondre aussi bien que faire se pourra.

« Ne vous repentez-vous pas du passé? — Oui, Harry, je m'en repens; mais ce n'est pas un repentir comme celui dont parle un ministre de village, et qui ressemble au vôtre quand vous avez la migraine; c'est un repentir semblable à celui que j'éprouverais si j'avais joué un coup au piquet d'après un faux principe. J'aurais dû commencer par diriger mes opérations contre la jeune personne, profiter tout différemment de l'absence de M. Martigny, et de mon intimité avec elle, et le supplanter dans son affection. Le plan que j'adoptai, quoiqu'il ne manquât, ce me semble, ni de hardiesse, ni de dextérité, partait d'un cerveau novice, dont le génie prématuré ne savait pas encore calculer les chances. Voilà quel est mon repentir.

« Maintenant : Ne craignez-vous pas l'avenir ? — Je ne vous couperai pas la gorge pour me faire une telle question, Harry, puisque c'est moi qui suppose que vous me l'adressez; mais je vous répondrai avec le plus grand calme, que je n'ai jamais rien craint de ma vie. Je suis né sans cette sensation, à ce que je crois; du moins elle m'est parfaitement inconnue. Quand je sentis cette infernale roue me passer sur la poitrine, et cette maudite balle m'entrer dans l'épaule, je n'éprouvai pas plus d'agitation que si j'eusse entendu sauter le bouchon d'un flacon de champagne. Mais je ne veux pas que vous me croyiez assez fou pour m'exposer à des embarras, à des dangers et à des dépenses considérables, comme je suis en ce moment disposé à le faire, sans quelque motif qui le mérite, et voici quel est ce motif.

« Il me revient, de divers côtés, qu'il court des bruits, des rumeurs, des *on dit;* qu'une attaque se prépare pour me dépouiller de mon rang et de mon état dans la société; et elle ne peut être dirigée que par ce Martigny, car je ne veux pas lui donner le nom de Tyrrel qu'il a volé. Or je regarde cette entreprise comme une violation du pacte conclu entre nous, et en vertu duquel, c'est-à-dire en interprétant justement le sens et l'intention du pacte, il devait laisser mon très-honorable père et moi arranger nos affaires sans son intervention; ce qui équivalait à une renonciation en règle à ses droits, si le maraud en a jamais eu aucun. Peut-il espérer que je céderai ma femme, et, ce qui vaut beaucoup mieux, le domaine de Nettlewood du vieux Scrogie Mowbray, pour faire plaisir à un pendard qui veut me dépouiller de mon titre et de tous mes biens? Non, de par le ciel! je n'en ferai rien. S'il m'attaque sur un point si important, je l'attaquerai sur un autre qui ne sera pas moins sensible : c'est sur quoi il peut compter.

« Et maintenant il me semble vous voir venir avec une seconde édition de vos graves remontrances sur les querelles entre proches parens, les duels contre nature, les voies de fait qui révoltent tout le monde, etc., etc.; à quoi vous pouvez joindre, d'une manière délectable, le vieux refrain : — Qu'il est beau, qu'il est agréable de voir des frères vivre dans l'union! — Je ne m'arrêterai pas à examiner si toutes ces appréhensions si délicates ont pour objet la sûreté et la réputation du comte d'Etherington, ou si mon ami Harry Jékil ne prend pas en considération de quelle manière son intervention dans cette affaire chatouilleuse sera accueillie au quartier général. Sans discuter cette question, je vous dirai simplement et brièvement que vous ne pouvez sentir mieux que moi la folie qu'il y aurait à porter les choses à l'extrémité. Je n'en ai pas l'intention, je je vous l'assure, et ce n'est pas dans ce dessein que je vous invite à venir ici. Si j'envoyais un cartel à Martigny, il le refuserait, j'en suis certain; et toutes voies moins cérémonieuses d'arranger une telle affaire ne sont plus de mode aujourd'hui.

« Il est vrai que lorsque je le rencontrai, il n'y a pas

long-temps, je me laissai emporter par le mouvement de vivacité dont je vous ai parlé; de même qu'il a pu vous arriver, vous trouvant à portée convenable, et entraîné par une force d'instinct, de tuer une femelle de faisan (j'aurais dû dire de *tirer sur*, car je crois que vous n'abattez pas à chaque coup), sans réfléchir à l'énormité du crime que vous alliez commettre. La vérité est que l'influence d'une espèce de follet semble régner sur ma famille; elle a versé ses feux dans les veines de mon père, d'où ils sont descendus dans les miennes dans toute leur force, et de temps en temps l'impulsion en est irrésistible. Là était mon ennemi; ici étaient mes pistolets : voilà toutes les réflexions que j'eus le temps de faire. Mais je serai sur mes gardes à l'avenir, ce qui sera d'autant plus facile que je ne crains pas de recevoir de lui aucune provocation. Au contraire, s'il faut dire ici la vérité, quoique j'aie un peu brodé cette affaire, dans la première relation que je vous en ai faite, à l'imitation de la Gazette quand elle rapporte une défaite, je suis certain qu'il n'aurait jamais tiré sur moi de propos délibéré, et que son coup a parti contre sa volonté pendant qu'il tombait. Vous me connaissez assez pour être sûr que je ne m'aviserai pas une seconde fois d'attaquer un ennemi qui ne veut pas se défendre, fût-il dix fois mon frère.

« Quant à votre longue tirade sur la haine que je porte à mon frère, je vous dirai, Harry, que je ne le hais pas plus que les premiers nés d'Égypte ne sont haïs par les frères qu'ils excluent de la succession paternelle. Il n'y a point parmi nous un propriétaire sur vingt qui ne soit haï par son frère cadet comme une maudite pierre d'achoppement, si c'est haïr un homme que de souhaiter qu'il jouisse de la paix du tombeau. Du reste, je l'aime autant qu'un autre. S'il voulait avoir la complaisance de mourir, je consentirais de tout mon cœur qu'on le canonisât; et, tant qu'il vivra, je désire que le rang et la fortune ne l'exposent pas à ces tentations qui forment les plus grands obstacles à cette vie d'abnégation de soi-même, grace à laquelle on peut espérer de mourir en odeur de sainteté.

« Ici vous m'interrompez encore avec vos impertinentes questions. Si je n'ai pas dessein de chercher à me faire une querelle personnelle avec Martigny, pourquoi me mettre en collision avec lui? Pourquoi ne pas m'en tenir au traité de Marchtorn, sans approcher de Saint-Ronan, sans réclamer mon épouse vierge?

« Ne vous ai-je pas dit que je veux mettre fin à ma crainte qu'il ne fasse quelque tentative pour me ravir le titre et la fortune de mon père? Ne vous ai-je pas dit que je veux avoir ma femme, Clara Mowbray, et mon domaine de Nettlewood, que j'ai gagné de franc jeu en l'épousant? Et pour vous dire tout mon secret, quoique Clara soit une fort jolie femme, elle est si peu de chose, dans toute cette affaire, pour son époux passionné, que c'est en me relâchant un peu de mes droits sur elle que j'espère obtenir des concessions plus importantes selon moi.

« Je ne nierai pas qu'une sorte d'aversion pour une esclandre, une répugnance à m'exposer aux reproches ne m'aient rendu si lent à songer à mes intérêts, que le moment va arriver où, pour profiter des dispositions du testament du vieux Scrogie Mowbray, et devenir son héritier, je dois être l'époux reconnu de miss Clara Mowbray de Saint-Ronan. *Le temps fut, le temps est;* et si je ne le saisis pas aux cheveux tandis qu'il passe, bientôt *le temps ne sera plus.* Nettlewood sera perdu pour moi; et si j'ai, pour supplément, un procès qui me dispute le titre et la fortune de mon père, je cours le risque d'être repic et capot.

« Il faut donc agir, à tous risques, et agir avec vigueur ; or, voici quel est mon plan général de campagne, sauf toutes les variations que les circonstances pourront exiger. J'ai obtenu, je puis dire acheté, le consentement de Mowbray à ce que je fasse ma cour à sa sœur. J'ai cet avantage que si elle consent à me prendre pour époux, elle met fin à jamais à tous les bruits et souvenirs désagréables fondés sur son ancienne conduite. En ce cas, je m'assure le domaine de Nettlewood, et je suis prêt à soutenir le combat pour celui d'Oakendale. Je crois même très-fermement que, si cet heureux dénouement a lieu, M. Martigny aura le cœur trop déchiré pour songer à livrer une bataille ; qu'il jettera le manche après la cognée, et qu'il ira, en véritable amant, se cacher dans quelque désert au-delà des mers.

« Mais en supposant que la dame ait assez mauvais goût pour conserver son obstination et me refuser, je pense encore que son bonheur et son contentement d'esprit seront aussi chers à Martigny que Gibraltar l'est aux Espagnols, et qu'il sacrifiera bien des choses pour m'engager à renoncer à mes prétentions. Or, il me faut quelqu'un qui puisse me servir d'agent pour communiquer avec ce drôle, car je ne répondrais pas que mon ancienne envie de lui couper la gorge ne se réveillât si je traitais personnellement avec lui. Venez donc, et venez sans délai me prêter le main ; venez, vous me connaissez, et vous savez que je ne laisse jamais un service sans récompense. Pour mieux m'expliquer, vous aurez le moyen de vous débarrasser d'une certaine hypothèque qui vous gêne, sans être obligé d'avoir recours à la tribu d'Issachar, si vous m'êtes fidèle dans cette affaire ; venez donc, venez sur-le-champ, et sans plus d'excuse. Je vous donne ma parole qu'il n'y aura ni risque pour vous, ni danger d'offenser personne dans le rôle que je compte vous confier dans ce drame.

« A propos de drame, on a fait une misérable tentative pour jouer une sorte de drame bâtard au château de Mowbray, ce château rongé par les rats. Il s'y est pourtant passé deux choses remarquables. L'une c'est que le courage m'a tout-à-fait manqué, et que malgré la résolution dont je me pique, j'ai fui du champ de bataille plutôt que de me présenter devant miss Clara, quand l'instant critique est arrivé. Et sur cela je vous prie de remarquer que je suis un homme doué d'une modestie et d'une délicatesse singulière, bien loin d'être un Drawcansir et un Daredevil (1) comme vous le prétendez. Le second événement mémorable de cette journée est d'une nature plus délicate, car il concerne la conduite d'une belle dame qui paraît déterminée à se jeter à ma tête. Il y a parmi nous, gens d'esprit, un degré étonnant de franc-maçonnerie, et il est merveilleux de voir combien il nous faut peu de temps pour nous mettre sur un bon pied auprès d'une femme négligée ou d'une fille mécontente. Si vous n'arrivez pas très-promptement, vous perdrez bien certainement une des récompenses dont je vous ai donné l'espérance dans

---

(1) Héros fanfarons de comédie. — Éd.

mon avant-dernière lettre. Nul écolier ne garde un morceau de pain d'épices pour son camarade, sans être tenté d'y donner un coup de dent. Ainsi donc, si vous ne paraissez pas pour veiller à vos intérêts, ce ne sera pas faute d'avoir été averti. Quant à moi, la perspective d'une telle affaire m'embarrasse plus qu'elle ne me flatte, dans un moment où j'en ai sur le tapis une autre d'une nature toute différente. Je vous expliquerai cette énigme quand nous nous verrons.

« Ainsi finit mon long récit. Si vous trouvez quelque chose d'obscur dans mes projets, songez dans quel labyrinthe la fortune m'a fait entrer, et combien de choses doivent naturellement dépendre du chapitre des accidens.

« On peut dire que j'ai ouvert la tranchée hier, car je me suis présenté devant miss Mowbray. Son accueil ne fut pas très-gracieux, mais cela n'est pas fort important; je m'y attendais. En éveillant ses alarmes, j'ai produit sur elle une telle impression, qu'elle consent que je paraisse devant elle comme ami de son frère, et ce n'est pas avoir peu gagné. Elle s'habituera à me voir, et se rappellera avec moins d'amertume le tour que je lui ai joué autrefois; tandis que, d'une autre part, la même force de l'habitude me débarrassera d'une gaucherie impardonnable, d'une sorte de componction dont j'ai peine à me défendre toutes les fois que je la regarde. Adieu! Santé et fraternité. Tout à vous (1).

« ETHERINGTON. »

(1) Le sujet de la vignette du titre de ce volume appartient au 212 chapitre : il représente la scène entre lady Pénélope et M. Cargill. — ÉD.

FIN DU TOME SECOND.

www.ingramcontent.com/pod-product-compliance
Lightning Source LLC
Chambersburg PA
CBHW070616170426
43200CB00010B/1813